新型职业农民科技培训教材

农产品市场营销

主 编 曾学文

电子科技大学出版社

图书在版编目（CIP）数据

农产品市场营销 / 《新型职业农民科技培训教材》编委会编
—成都：电子科技大学出版社，（2017.8 重印）
新型职业农民科技培训教材

ISBN 978-7-5647-1246-4

Ⅰ. ①农… Ⅱ. ①新… Ⅲ. ①农产品－市场营销学－技术培训－教材 Ⅳ. ①F762

中国版本图书馆 CIP 数据核字（2012）第 153223 号

新型职业农民科技培训教材

农产品市场营销

《新型职业农民科技培训教材》编委会　编

出　　版：电子科技大学出版社（成都市一环路东一段 159 号电子信息产业大厦　邮编：610051）
策划编辑：辜守义
责任编辑：辜守义
主　　页：www.uestcp.com.cn
电子邮箱：uestcp@uestcp.com.cn
发　　行：新华书店经销
印　　刷：四川经纬印务有限公司
成品尺寸：130mm×195mm　印张 7.125　字数 150 千字
版　　次：2012 年 11 月第一版
印　　次：2017 年 8 月第九次印刷
书　　号：ISBN 978-7-5647-1246-4
定　　价：12.90 元

编者的话

为贯彻落实中央1号文件和全国农业科技教育工作会议精神，加快培育新型职业农民，推进现代农业发展，保障国家粮食安全和主要农产品有效供给，“以传播农业知识，提高农民素质，促进农业生产，增加农民收入”为宗旨，我们组织有关职业技术院校的涉农专业教师和长期从事农业技术推广工作的资深专家，编写了这套具有较强针对性和实用性，又便于农民朋友学习、提高的培训教材，供各地开展新型职业农民培训时选用。

该套教材采用了国家最新标准、法定计量单位和最新名词、术语，并注重行业针对性和实用性，力求做到内容浅显易懂、图文并茂，让农民朋友易于学习、掌握。该套教材共涵盖种植、养殖、加工、农产品安全等四个大类，共20多种，是目前国内同类教材中最新的一套培训系列教材。

由于编写时间较为仓促，教材中难免存在不足和错误，诚望各位专家和广大读者批评指正。

《新型职业农民科技培训教材》编委会

2012年7月

图1　四川新都农资放心店

图2　四川蒲江樱桃树

图3　红心猕猴桃

图4　四川阆中优质桃营销

图5　四川金蜜李

图6　四川峨眉山
竹叶青茶叶专卖店

图7　成都市三圣乡五朵金花——荷塘月色
观光休闲娱乐

图8　绿色食品
茶叶基地

图 9　优质草莓

图 10　优质桃

图 11　无公害脐橙基地

图 12　四川优质芒果

图 13　四川新津梨花溪
以花为媒“营销”春天

图 14　四川仁寿文宫
枇杷产地销售

图 15　四川会理石榴 2006 年获中国国际农产品交易会畅销产品奖

目　录

第一章 市场与市场营销知识

农业对经济发展的重要作用是多方面的。其中不可代替的是食品和原料贡献。农产品市场营销是指为了满足人们的需求和欲望而实现农产品潜在交换的活动过程，农产品市场营销要求农产品生产经营者不仅要研究人们现实需求，更要研究人们对农产品的潜在需求，并创造需求。包括市场需求、市场调查、产品定价、产品促销、产品储运和产品销售等一系列经营活动，涵盖了从生产到经营到消费的全过程。

农产品市场营销的根本任务就是将生产出来的产品以最合理的价格通过流通，销售给消费者，从而解决生产与消费的矛盾，满足生产或生活消费的需求。

农产品市场营销的目标就是追求效益最大值。

第一节 我国市场的现状

市场是社会生产力发展到一定历史阶段的产物。随着社会生产力的不断进步，有了剩余产品，便产生了自发的、偶然的交换行为。这种交换行为导致了市场的产生。最古老的市场就是为了满足原始人生存的需要和欲望。原始市场一般指农产品市场。我们研究市场营销也重点研究农产品市场。

一、农产品市场营销的现状

改革开放特别是加入 WTO 以来，我国农产品市场营销开始蓬勃发展。

（一）农产品市场体系已初步建立

近年来，我国农产品市场建设发展迅速，农产品批发市场不断发展，类别多，其中包括粮油市场、蔬菜市场、水产品市场、肉食禽蛋市场、干鲜果品市场和农产品市场，数目基本稳定，交易额稳步上升。这主要是因为我国农产品交易市场在经历了十几年高速增长和规模扩张后，现正逐步实现从数量扩张向质量提升的转变之中，流通规模上台阶，市场硬件设施明显改善，商品档次日益提高，市场运行质量日趋看好。

国家工商行政管理局统计资料显示，1986 年，全国有农产品批发市场 892 个，至 1995 年增加到 3190 个，10 年间平均每年增加 230 个；至 2000 年，全国农产品批发市场发展至 4532 个，“九五”期间平均每年增加 268 个。按现价计算的平均每个批发市场的年成交额，从 1986 年的 317. 8 万元增加到 2000 年的 7394. 0 万元，15 年间增长了 22. 3 倍，平均每年递增 23. 4%。至 2005 年，全国农产品批发市场发展至 24930 个，其中农产品专业批发市场4505个，农产品综合批发市场20425个，5年间增长了4.5倍，平均每年增加4080个，并且市场建设规模越来越大，功能日臻完善，市场主体的组织化程度逐步提高，发展势头有增无减。国内初步建立起较为完善的农产品批发市场、零售市场体系，大流通、大市场的格局基本形成。近几年来，随着经济的发展，以配送、超市、大卖场等为主的农产品现代流通方式势头迅猛，“农改超”已经成为一股潮流，许多农贸市场已经逐步改变经营形态，成为现代农产品流通的新业态。

（二）农产品批发市场成为农产品流通的主渠道

覆盖了所有的大、中、小城市和农产品集中产区，基本形成了以城乡集贸市场、农产品批发市场为主导的农产品营销渠道体系，构筑了贯通全国城乡的农产品流通大动脉。目前大、中、小城市消费的生鲜农产品80%～90%是通过批发市场提供的。农产品批发市场的大力发展，对于搞活农产品流通、增加农民收入、满足城镇居民农产品消费需求发挥着积极作用。

（三）以配送、超市、大卖场等为主的现代流通方式发展势头迅猛

超市作为一种现代新型营销业态在近几年开始涉足农产品销售领域，成为农产品营销渠道体系里的新成员，与传统的集贸市场在零售终端展开了激烈竞争。传统农贸市场的“唯我独尊”的销售地位正备受挤压。另一方面，南京、广州、武汉、上海、成都等地政府也在大力推行“农改超”工程，打造高效安全的农产品营销网络，使之与城市经济社会发展相适应。

（四）农产品营销中介发展活跃，各种农产品购销主体逐步形成

个体户、专业户、联合体不断发展壮大。依托这些活跃在城乡各地的农产品营销中介组织，使得一家一户的小规模生产和大市场实现了对接，改变过去产销脱节的尴尬局面，有效地缓解了农产品卖难的问题。他们的出现带动了上游生产基地的发育壮大，带领农民走向市场，帮助农民致富，对地区农业发展起到了一定的积极作用。

但是，我国农产品市场的发展与社会经济的发展还不十分协调，还存在一定差距，有待进一步完善和改进。

（五）农产品市场基础设施建设和整体功能发挥尚需提高

整个农产品市场体系建设，除大城市的一些超市外，总体上基础设施较差。一些较大的批发市场，也仅局限于场地的硬化、简易的交易大厅和门店建设上，少数市场有储藏保鲜及加工设施，大多数市场缺乏相应的配套设施，如冷库、信息设施和加工储藏设备等。商品检疫、农药残留检测、电子结算等设备更是凤毛麟角，不能满足现代营销需要。同时，目前我国农产品市场营销模式都是批零兼营，完整意义上的批发市场几乎不存在。市场也没有严格的准入制度，一般农民、小贩都可进入市场交易，交易方式比较原始。多数市场只是简单地提供交易场地，收取管理费，管理、服务手段落后，市场功能难以充分发挥，制约了农产品货畅其流。

（六）农产品市场营销的结构性矛盾比较突出

现阶段我国农产品大路货初级产品过剩，优质、特色精深加工产品供应不足，属于结构性相对过剩。以蔬菜为例，几年来，全国蔬菜的种植面积和产量急剧增加。据农业部统计，截止到2000年底，全国蔬菜种植面积2.2亿亩（1亩=667平方米），占世界蔬菜种植面积的13%；产量4.4亿吨，占世界产量的66%；人均产量为330千克，为世界人均产量102千克的3.3倍；人均占有蔬菜量更是远远高于国际水平。截止到2005年底，四川蔬菜种植面积1487.3万亩，占全国蔬菜种植面积26581.1万亩的5.6%，位于全国第9位；蔬菜产量2714.3万吨，占全国产量56451.5万吨的4.8%，位于全国第6位；四川水果总产量415.8万吨，占全国产量8835.5万吨的4.7%，位于全国第8位；其中，柑橘产量213.7万吨，占全国产量1519.9万吨的14.1%，位于全国第2位；茶叶产量9.8万吨，占全国产量93.5万吨的10.5%，位于全国第4位。四川的水果、茶叶、蔬菜总量虽都位居全国前列，但主要是精品不多，品牌不够响；市场上初级、低档次产品严重过剩，经过精细加工、高档次、高科技含量产品仍然偏少，农产品加工增值远远低于国际水平。

（七）农产品品牌、商标意识有待进一步增强

过去我国农产品同品牌、商标基本无缘。20世纪90年代中期，随着很多地方名牌战略的实施和向农产品领域的延伸，不少农产品开始使用品牌、商标，但大多是注重商标、品牌的识别功能和促销功能。虽然品牌化

的农产品越来越多，鲜肉、活鱼都有了商标，连鸡蛋也贴着商标卖，但营销者对品牌的信息传递功能、价值功能、形象功能等还认识不足，不少农产品品牌缺乏个性特色，停留于简单模仿，单调雷同，不易于记忆和传递品牌信息，更谈不上树立品牌形象，创造品牌价值。

（八）农产品市场营销创新还难以适应消费需求变化

近年来，国内农产品市场有了长足的发展，许多地区农产品已走上了国际市场。但从市场营销的角度看，国内农产品营销还不够规范和科学，营销观念还较陈旧，与市场实际还有一定差距。当务之急，我们需要与时俱进，推动农产品市场营销的创新，即从传统观念转到以市场需求为中心的现代市场营销观念上来，变“生产什么，消费什么”为“市场需要什么，我才生产什么”，“市场上需要什么档次的产品，我才生产销售什么档次的产品”。实现种得好、卖得俏、销得多、农民收入高的目的，让参与农产品市场营销的各个环节都有利可图。

二、农产品市场营销的基本要素

（一）农产品基地

安全、优质、有特色的农产品基地建设是市场营销的基础，只有建立稳定的基地，才能培育出稳固的市场，否则营销就成了无源之水。基地建设不仅能解决农业龙头企业的“无米之炊”的困扰，而且也为“公司加基地”的可持续发展打下坚实基础。在基地建设上要特别注重突出安全、优质和特色，发展无公害、绿色和有机食品基地，与国际标准接轨。

（二）农产品营销队伍

农产品营销队伍是农产品市场营销各环节中最活跃的因素。培养造就一批能开拓国内外市场的农产品营销人员队伍，提高其组织化程度，充分发挥他们的主观能动性和创造性，就能推动农产品市场营销的发展。对农产品营销队伍要加强培训，使他们树立现代市场营销观念，具备现代营销组织能力和营销气魄，能够创造性地开展农产品营销。

（三）农产品行业协会

行业协会是会员自愿参加的跨部门、跨所有制的非盈利性、自律性行业组织，是独立的经济社团法人。农产品行业协会既是政府的助手，又是农业龙头企业合法利益的代表，通过协会的桥梁纽带作用，可以畅通农产品营销渠道，实现政府、企业、农民在农产品市场营销中的共赢。

（四）市场定位

不同地区的农产品市场有不同的特点，不同地区的居民也有着不同的消费习惯。农产品市场营销必须准确把握市场脉搏，按照目标市场营销的要求，对市场进行细分定位，做到有的放矢。随着经济的快速发展，市场需求也在不断变化，要及时通过市场调研及时了解细分市场的消费需求变化，迅速调整市场定位，提供最优产品组合。

（五）农产品品牌

农产品品牌化经营在我国才刚刚起步，要认识到农产品品牌的促销效应、获利效应、竞争效应和扩张效应，努力改变农产品品牌发展滞后于工业品品牌发展的现状。现在发达国家的农产品是一流的产品、一流的品牌、一流的价格，而我们国家的农产品都是一流的产品，三流的品牌，三流的价格，利润空间的差距可想而知。要努力增强农产品品牌意识，加大品牌宣传力度。除了企业和农民自身的宣传，地方政府也要积极做好特色农产品的宣传，扩大知名度，提高市场占有率，充分发挥品牌作用。

（六）农产品营销网络

既要建立农产品营销有形市场网络，如批发市场、配送中心、生鲜超市等，又要适应新形势，建立无形市场网络。顺应网络经济迅猛发展的新形式，积极发展网上农产品营销，搭建网上营销平台，实施电子商务，努力推动农产品更多地走出国门，使中国农产品在世界市场上占有越来越多的份额。

第二节　市场与市场营销基本知识

农产品营销与市场营销是密不可分的，做好农产品营销必须了解市场营销的基本理论和基本知识。

一、市场与市场营销

（一）市场的含义

1. 市场概念

市场是商品经济的产物。市场不仅是商品交换的场所，从根本上讲是商品交换关系的总和。哪里有社会分工和商品生产，哪里就有市场，社会分工发展到什么程度，市场就发展到什么程度。

2. 市场的定义

市场有广义和狭义之分。从狭义上看，市场是商品交换的场所，即做买卖的地方。“市”就是买卖，“场”就是场所。由于社会分工的原因，不同的生产者需要将自己生产的商品拿到一定的场所进行交换，以满足自己和消费者的物质、文化需求。用来交换商品的场所，就被人们称为市场。

从经济学的观点看，市场是商品交换关系的总和，市场不仅仅是交换商品的场所，而且反映了不同的商品生产者、中间商和消费者之间的商品买卖关系的总和，市场的实质是商品交换中反映出来的人与人之间的经济关系，因此，市场是商品交换的条件、交换活动及其所体现的经济关系的有机统一体。

3. 市场三要素

从市场营销的观点看，市场是由一切有特定需求或欲望的，并且愿意和可能从事交换，来使需求和欲望得到满足的现实和潜在顾客所组成。可以说，市场营销学范畴里的“市场”基本等同于“需求”，因此，它包括人口、购买力和购买愿望三个要素。作为现实有效的市场，这三个要素缺一不可。市场营销学家把市场需求用以下公式表示：

市场需求 = 人口 + 购买力 + 购买欲望

人口是构成市场的基本要素，哪里有人，有消费者群体，哪里就有市场。人口多，市场规模和市场容量就大。一个国家或地区的人口多少，是决定市场大小的基本前提。

4. 购买力

购买力是指人们支付货币购买商品或劳务的能力。购买力的高低取决于购买者收入的多少。一般的说，人们收入多，购买力高，市场和市场需求也大，反之，市场也小。

5. 购买欲望

购买欲望是指消费者购买商品的动机、愿望和要求。它是消费者把潜在的购买愿望变为现实购买行为的重要条件，因而也是构成市场的基本要素。

如果有人口，有购买力，而无购买欲望，或是有人口和购买欲望，而无购买力，对卖主来说，形成不了现实的有效市场，只能成为潜在的市场。只有当人口多，购买力高，购买欲望强，才能构成现实而理想的市场。

（二）市场营销的含义

1. 市场营销的概念

“市场营销”是指将商品和服务从生产者转移到消费者或用户所进行的企业活动，以满足顾客需要和实现企业的各种目标。市场营销决定应该生产什么产品，制定什么价格，在什么地方以及如何出售产品或做广告。

农产品市场营销就是指为了满足人们的需求和欲望而实现农产品潜在交换的活动过程。它是一个比农产品营销更为广泛的概念，农产品市场营销要求农产品生产经营者不仅要研究人们的现实要求，更要研究人们对农产品的潜在需求，并创造需求。农产品营销是农产品生产者与经营者个人与群体，在农产品从农户到消费者流程中，实现个人和社会需求目标的各种产品创造和产品交易的一系列活动。农产品营销的主体是农产品生产和经营的个人和群体。农产品营销活动贯穿于农产品生产和流通、交易的全过程。农产品营销概念体现了一定的社会价值或社会属性，其最终目标是满足社会和人们的需求和欲望。

2. 市场营销的定义

对市场营销的解释，市场营销专家从不同的角度给出了不同的定义。传统的市场营销概念认为：市场营销是“引导商品和劳务从生产者到达消费者或用户所实施的企业活动”（1960 年美国市场营销协会的定义）。美国市场营销专家麦卡锡认为，市场营销“是企业经营活动的职责，它将产品和服务从生产者直接转移到消费者或用户以满足顾客需要和实现公司利润”（《基础市场学》1960 年）。虽然麦卡锡的定义提出了“满足顾客需要和实现公司利润”的企业经营目标，比美国营销协会的定义又前进了一步，但是两种营销的概念都认为，市场营销活动是从产品生产出来后开始，通过定价、分销、广告等一系列经营销售活动，把产品销售出去，到达消费者手中或用户手中，这就意味着市场营销活动结束。这种概念显然是把市场看做企业生产和销售的终点，营销活动仅仅是销售或销售促进，把市场营销仅仅局限于流通领域。

菲利普·科特勒对市场营销的解释得到普遍认可，其定义：“市场营销是个人和群体通过创造并同他人交换产品和价值，以满足需求和欲望的一种社会和管理过程。”关于营销的定义，有很多种，依我的理解，可以这样看：企业的命运系之于“销”，而“销”之绩效来源于“营”，只有“营”字领先，“销”字当头，营销一体，这样的企业才会如鱼得水于市场。“营”即包括策划、创意、运筹和研究，现代的营销人员，第一要务就是如何动脑筋的问题，以策略来带动“销”。市场营销的实质，是建立在市场基础上的整体营销，它是观念营销，是动态营销，是战略营销。

3. 市场营销的内涵

市场营销是什么？有人认为营销就是推销和广告。现代社会人们每天都接触大量的电视广告、广播广告、报纸广告、直接邮寄广告、甚至电话广告、上门直接推销，各式各样的广告和推销包围着我们。然而，这仅仅是营销的部分内容，往往还不是最重要的内容。美国著名的营销学家菲利普·科特勒就说过：“销售是企业市场营销的职能之一，但不是其最重要的职能。”根据科特勒的定义，我们可以从以下几个方面来理解市场营销的内涵。

（1）市场营销通过个人和组织（群体）来执行。

（2）产品“创造”和“交换”是市场营销的核心。对于产品交换大多数人毫无异议，但是怎样理解产品创造呢？传统理论认为产品创造不属于市场营销的范畴，而是属于生产领域的活动。其实，市场营销过程也包含产品创造活动。既包括产品的构思、设计、开发以及交易过程的价值的增加等。

（3）市场营销的最终目标是“满足需求和欲望”。现代的市场营销已经不能再用传统的观念去理解，必须用满足顾客的需要这种新的观念来理解，如果营销者能够深刻理解顾客的需要，开发出适合消费者需要的产品，并能够有效地定价、分销、促销、加强售后服务，才能在激烈的市场竞争中站稳脚跟。

（4）交换过程能否顺利进行，取决于营销者创造的产品和价值以及满足顾客需要的程度和营销管理水平。营销管理的目的在于使营销活动与复杂的市场环境相适应。通过识别、分析、选择和发掘市场营销机会以实现企业的任务和目标，这是企业经营成败的关键。

4. 市场营销管理体系

一般市场营销管理体系包括：分析市场营销机会；决定营销战略；制定营销战术，发展市场营销策略；组织营销活动，实施市场营销活动；执行和控制营销能力。

总之，现代市场营销概念认为，市场营销从企业生产产品前就必须开始，通过市场调查与预测，对消费者和顾客的需求进行分析研究，结合企业的优势和实际，设计和研发产品，确定产品的营销策略，把产品（劳务）销售到消费者和顾客手中，并且开展售后服务，积极搜集反馈意见，以进一步改进和开发产品以满足消费者需求。现代市场营销把市场看做是企业生产与销售的出发点，而不是终点。

二、市场营销的作用

充分发挥农产品市场特别是批发市场，商品集散、价格形成和信息传递三大基本功能，对引导农民调整农业和农村经济结构，搞活农产品流通，扩大就业，增加农民收入，都有着举足轻重的作用。从微观的角度看，市场营销虽然不是企业成功的唯一因素，但却是关键因素。市场营销的作用在于，企业的市场营销部门通过市场营销研究，密切注意和了解市场需要的现状与变化，去发现哪些未满足的需要和市场机会，然后根据企业的任务、目标和资源条件等，选择本企业能够最好服务的目标市场，并根据目标市场的需要，开发适销对路的产品，制定适当的价格，选择适当的分销渠道，制定适当的促销方案，千方百计地满足目标市场的需要，这样就可以扩大销售量，提高市场占有率，增加盈利，实现企业的任务与目标。由此可见，市场营销是联结社会需求与企业反应的中间环节，是企业用来把消费者需求和市场机会变成有利可图的企业机会的一种行之有效的方法，也是企业战胜竞争者、谋求发展的重要方法。

从宏观角度看，市场营销对社会经济发展的主要作用，就是解决社会生产力与消费者之间的矛盾。

（一）解决农产品空间分布不匀的矛盾

利用商品集散功能，解决农产品卖难买难的问题，满足消费需求。农产品营销沟通了产销两地，使消费者能在适当的地方及时买到适合的农产品，也使产地农民将农产品转化为商品。在工业品看，由于地理条件、自然资源、交通情况及工业布局不同，以及由于区域经济发展目标的差异而实行不同的产业政策。例如：在一定时期内重点扶植某些产业，延缓或抑制某些产业的发展，结果造成工业生产往往按行业集中于某一地区，而工业品的用户则分布于全国各地乃至全世界，这样，必然造成工业品生产者与工业品用户在地域上的分离，生产者与消费者在地区分布上的矛盾更加突出。农产品的生产与消费在空间上也发生矛盾。一方面，农产品由分散在全国广大农村的农民进行生产；另一方面，农产品的消费者分散于全国乃至世界各地，因此，农产品生产与消费存在着突出的空间矛盾。这种生产的集中性和消费的分散性之间的矛盾，就需要通过企业的市场营销活动来解决。

我国农业由千家万户小规模分散经营的格局在短期内不会改变，一家一户生产出来的小批量农产品需要有集贸场所，即产地批发市场，将产品集中起来经过远距离运输送到大中城市销地批发市场，再经过二道批发扩散到城市集贸市场或其他零售网点，供城市居民消费。我国农产品的这一产销特点，决定了批发市场成为农产品流通的极为重要的中心环节，通过其集货与散货，在解决农产品卖难买难方面起着不可替代的作用。

（二）解决农产品生产季节性的矛盾

现代经济生活中，有许多工业品和农产品在生产与消费上都存在着某种时间或季节的差异。比如蔬菜、水果、棉花等农产品生产都是季节性的，但是消费却是常年的。产品生产与消费在时间上的差异，要求企业通过向工厂或农民收购产品，并对产品进行加工、分级和储存，以不断保证广大用户和消费者的需求，解决这种生产与消费在时间上的分离。近些年来各地调整农业和农村经济结构的实践表明，在蔬菜、水果、生猪、禽蛋和水产品等集中产区，凡是在科学规划基础上建立起比较规范的产地批发市场的市、州、县，依托市场培育了大批农民营销商组织和经纪人队伍，同时引来大批外地客商，就不会出现农产品卖难，也弥补了农产品生产季节性矛盾突出的问题。农民将农产品销售后，可使生产出来的农产品变成商品，从而提升农产品的附加值，增加农民收入；另一方面，在大中城市建起了农产品批发市场，不仅满足城市居民日常消费的品种、余缺调剂有了保障，即使遇上自然灾害，农产品供应吃紧，价格上扬的信息一经披露出去，就会客商云集、货源滚滚而来，既保证了供应，平抑了物价，又节省了财政补贴，市民得到实惠。

（三）解决农产品供求信息的矛盾

由于生产者与消费者是两个不同层次上的行为主体，因而往往处于相互不了解的状态，即生产者与消费者之间存在着信息分离的现象。尤其是随着商品经济的进一步发展和市场的不断扩大，生产者与消费者在空间上的分离加深，市场信息的分离也随之扩大。一方面，生产者不知道谁需要什么产品、何时需要，什么样的价格用户才愿意购买；另一方面，用户和消费者也不知道有谁供应什么产品、何地供应、价格高低。这种生产与消费信息的分离，要求企业进行营销调研，了解市场需求，搞好促销宣传，通过各种信息传递渠道将产品的有关信息传递给产品的用户和消费者，以解决生产者与消费者之间信息分离的矛盾。利用信息资源带动农民向生产适销对路的产品发展，从而带动农业产业结构的调整，最佳优化农业资源的配置，发挥最佳的作用，从而间接地提高了农民的收入。部分农民还可以营销农产品为职业，增加非农收入，带动运输、餐饮等行业的发展。

（四）解决农产品商品所有权的矛盾

商品经济社会，商品生产者对其产品具有所有权，拥有商品的使用价值。但是他们生产这些产品的目的不是为了获取使用价值，自己使用这些商品，而是为了获取商品的价值，得到利润。广大消费者需要这些产品，但对这些产品不拥有所有权。这就产生了生产者与消费者对产品所有权的分离。因此，需要市场营销者去组织商品交换活动，帮助生产者在把产品转到消费者手中的同时，实现产品所有权在生产者与消费者之间的转移。

（五）解决农产品供需数量的矛盾

现代市场经济中的生产是一种高度发达的社会化大生产。一方面生产者所进行的往往是大批量生产，另一方面消费者则零星购买。这样，在供应与需求方面就产生了一定的矛盾。同时，农产品市场体系特别是批发市场的建设与发展，打破了农产品流通领域的地区封锁和部门垄断，形成多渠道经营、多主体平等竞争的格局。批发市场货源集中，通过“货比三家”实现了优质优价、优胜劣汰、引导农民淘汰质量低劣的品种和产品，生产市场适销对路的优质农产品。因此，这就往往需要有一些中间商从事商品的批发、零售业务，一方面向众多的企业和生产者从事商品的大批量的采购，另一方面，再以较小的批量供应众多用户、零售商以及广大的消费者。这样就解决了生产者大批量生产与消费者小批量消费及消费者零星购买间的矛盾。

（六）解决经营者发展进程中的矛盾

从微观角度讲，学习营销可以帮助经营者解决事业发展进程中遇到的有关问题和矛盾，归纳起来有以下几个方面。

1. 发现市场

经营者可以通过市场调研，发现和了解消费者的需求，搞清楚大多数消费者想买什么样的产品，喜欢什么，对商品有什么希望和要求，对样式造型有何好的建议等。

2. 指导决策

经营者可以通过市场营销决策活动，分析有关的外部环境发展动向，掌握竞争者的现状和发展趋势，从而结合企业自身的资源条件，在产品、定价、分销、促销和服务等方面作出正确的决策。

3. 开拓市场

经营者可以通过市场营销活动，对消费者的需求现状、潜在市场进行了解、分析，把握和捕捉市场商机，在积极开发产品的同时，建立更多的分销渠道采用更多的促销形式，拓宽自己的产品销售范围。

4. 满足需求

经营者从消费者的需求出发，并根据不同目标市场的顾客，采取不同的市场营销策略，合理地组织企业人力、物力、财力等资源，为消费者提供适销对路的商品，并且搞好销售后的各种服务，从而达到让消费者满意的目的。

总之，从宏观角度看，市场营销对于适时、适地、以适当价格把产品从生产者传递到消费者手中，求得生产与消费在时间、地区的平衡，从而促进社会总供需的平衡起着重大作用。同时，市场营销对于企业的可持续发展，对于企业的技术创新，对于现代化建设，都起着巨大的作用。

三、市场营销的类型和方式

（一）市场营销的类型

农产品市场营销的类型，根据经营者的目标市场选择不同而不同，常见的营销类型有以下四种：

1. 直销型

就是种植户直接将产品销售给消费者，如集镇、城郊农户，直接将产品拿到市场上销售。直销型销售环节最少，但销量有限。

2. 中介组织型

就是通过营销协会或个体运销户、贩运商等中间商将农户分散的产品通过收购运输等方式，将产品集中起来销售给消费者。

3. 市场营销型

就是产地经营者，根据销地市场经营者的需求将产品收购给销地经营户，再批发给零售商，由零售商提供给消费者。

4. 加工企业销售型

就是加工企业直接或间接地将产品收购加工消化。

（二）市场营销的方式

市场营销方式有两种。一种是现货交易，就是卖方对商品的所有权和使用权与买方对货币（有时也可能是商品）的所有权和使用权在时间上同时发生转移的交易。这是最直接和最常见的交易方式。另一种是期货交易，指付出少量保证金，在将来的某一确定日期、某一地点交割既定数量和品质并结清货款的商品交易。这是大宗商品交易的主要方式。

第三节　市场的多方面功能

市场的功能，是指市场在商品交换活动中发挥调节生产、流通、分配和消费的功能和能量。市场通过发挥自身的功能，保证商品生产的顺利进行，推动商品生产的发展。市场在市场经济中发挥着多方面的功能，其主要功能有以下几个方面：

一、市场交换功能

这是市场最基本的功能。市场主体即独立的商品生产者和经营者通过市场发生经济联系，实现交换目的。

离开了商品交换，也就谈不上市场的存在。市场交换功能的发挥，使商品生产者或经营者得以将自己的产品拿到市场中去出售，实现产品价值，获得货币，然后再向别人购买自己所需要的生产资料或者消费资料，实现商品、劳动的交换。

二、价值实现功能

在市场经济条件下，商品价值要靠市场来实现。当农产品经营者把商品出售后，所得货币能够补偿生产过程中所消耗的物质和劳动，则商品价值得到了完全体现；反之，所得货币不足以补偿所消耗的物质和劳动，则商品价值就不能得到实现或不能完全实现，生产规模就会缩小或转产。所以，商品生产者和经营者的生产经营状况、决策能力的高低及其竞争能力的强弱，都将在市场上得到检验和评价。

三、市场调节功能

市场既调节社会劳动在社会生产各部门之间的分配，又调节着商品生产者和经营者之间的经济利益。市场通过竞争和价值规律的作用，调节各类生产要素在各个生产部门之间的分配和布局。某种商品的价格上涨表明该商品供不应求，生产这种商品利润空间大，于是生产者们便纷纷转产；反之，商品价格下降则表明该商品供大于求，生产该商品可能会亏本，于是生产者们便会压缩这种商品生产或转产别的商品。通过市场竞争的作用，一部分经营者在竞争中发展，一部分经营者在竞争中淘汰，这种优胜劣汰的结果，使有限的资源从效益低的地方向效益高的地方流动，资源得到合理配置，供求达到大体平衡。

四、市场信息功能

市场每时每刻都在通过供求、价格等反馈着各种信息，这些信息就成为农产品经营者掌握市场动向，根据市场需求确立市场营销决策的主要依据。市场还是市场经济的主要信息来源，市场上形成、传递和反馈的经济信息将成为国家宏观调控部门决策的重要依据。所以，市场的行情就是整个经济活动的综述反映。

五、市场刺激功能

现代市场经济条件下，供需矛盾比较突出，需要通过市场的各项功能来调节这些矛盾，加强商品生产者和消费者之间的联系，达到市场供需大体平衡。同时，市场择优汰劣的机制则鞭策商品生产者和经营者，使其争相采用新技术、新材料、新方法、新工艺，不断改善生产经营条件，加强经营管理，提升自身素质和劳动生产率，创造更多好的商品，满足人们的消费需求，取得更好的社会经济效益。

第二章

农产品营销概论

进入新世纪，我国农业发展进入了新的阶段，农业和农产品营销面临新的形势。不断融合的国内、国际农产品市场竞争日趋激烈，使农产品市场营销成为人们研究的热点。农产品市场营销已成为农业生产者、企业和组织最基本的职能。正确运用市场营销所提出的原理、方法和技巧，可以实现以最小的人力、物力、财力，获取最大的经济和社会效益，在激烈的市场竞争中立于不败之地。

第一节 农产品营销观念的演变

市场营销观念是指人们认识处理营销活动的基本看法和态度。农产品市场营销观念是指农业生产经营者和企业进行市场营销活动的指导思想。随着我国社会主义市场经济的不断完善，农产品生产的市场化、商品化程度越来越高，农产品需求也越来越多样化，农产品卖难现象时有发生，市场竞争日趋激烈，我国农产品营销面临着许多现实问题和挑战，只有树立正确的市场营销观念，才能处理好产品生产、销售和市场需求的矛盾，有效地发挥市场营销的作用，保证营销活动的顺利进行。

一个多世纪以来，在市场营销发展史上，市场营销观念大体经历了生产观念、产品观念、推销观念、市场营销观念，以及20世纪70年代后又依次出现的社会营销观念、大市场营销观念、绿色营销观念等。下面，对一些有代表性的经营思想加以介绍。

一、生产观念

生产观念也称为“生产中心论”，就是常说的“以产定销”的观点，它是一种最古老的经营思想。这种经营思想认为，消费者和用户欢迎的是那些用得上、买得到而且买得起的产品。因此，生产者在考虑到人们的最基本、最一般的需要的基础上，施行“我能干什么就生产什么，生产什么就销售什么”。因为是短缺经济，因而不必关心市场需求，生产者的整个经济活动以改进和增加生产为中心，组织所有资源，集中一切力量增加产品产量，降低成本。生产观念是在卖方市场这种市场形态下产生的，它的存在以产品供不应求，生产的产品只要具有一定的使用价值就不愁没有销路，以及大批量、少品种、低成本生产更能适应消费者需求为前提条件。生产观念是一种重生产、轻市场营销的经营思想。

二、产品观念

产品观念也称为“产品中心论”，就是常说的“好酒不怕巷子深”的观念，它是一种古老的经营思想。这种经营思想认为，只要产品好，不怕卖不了，人们总是欢迎那些质量好、有特色、价格合理的产品，生产者经营者只要注意提高产品质量，做到物美价廉，消费者就会自己找上门来，无须大力推销。

产品观念也是卖方市场下的产物，也是一种以生产为中心的市场观念。本质上坚持的仍然是我能够生产什么就卖什么。但它比生产观念多了一层竞争的色彩，注意用产品质量、性能、价格等方面的特色和优势来赢得顾客。市场营销的实践经验表明，一种产品是否能够赢得消费者，从根本上说并不在于它与竞争者的产品相比具有什么特色，而在于它是否真正符合消费者的需要。在不断变化、竞争日趋激烈的市场中，如果生产经营者仍然奉行产品观念，忽视市场调研、产品开发和促销活动等市场营销工作，必然会使自己陷入困境。

三、推销观念

推销观念也称为“推销中心论”，这种观念“不问消费者需求”。有这种经营思想的人认为：消费者的购买行为不仅受需要等自身因素的制约，同时也受外界因素的影响。如果生产经营者采取适当的措施，加强推销努力，消费者就有可能购买更多的产品。因此，必须将推销放在生产经营的整个经济活动的中心位置上，大力加强推销工作，以扩大销售，提高市场占有率，取得竞争优势和更多利润。

推销观念是在卖方市场向买方市场的过渡时期产生的。在西方国家，从20世纪20年代到40年代，随着科学技术的进步、科学管理和大规模生产的推广，产品产量迅速增加，逐渐出现了市场产品供大于求，卖主之间竞争激烈的新形势，产品销售难的问题日益突出。这种情况促使许多经营者认识到，不能只抓生产，要想在激烈的市场竞争中求得生存与发展，就必须重视市场营销，加强推销工作。这种观念比前两种观念前进了一步，开始重视广告术及推销术。在推销观念的指导下，虽然企业的注意力开始从生产领域转到了流通领域，由"以产定销"转到"以销促产"，但其本质依然是我能够生产什么就卖什么，与前两种观念相同，仍是以生产者为中心的。但是经过这样一个阶段，能够使生产者更多的了解市场的需要，为市场营销观念进一步发展提供了条件。

四、市场营销观念

市场营销观念也称"需求中心论"，就是以"顾客需求为导向"、以"顾客为上帝"的观念，它与推销观念及其他传统的经营思想存在着根本的不同，市场营销观念是以市场为中心，坚持目标市场上以消费者的需要为出发点的，既"消费者需要什么就生产什么"。市场营销观念的出现，使生产经营者的经营观念发生了根本性的变化。哈佛大学教授西奥多·莱维特曾对推销观念和市场营销观念做过深刻的比较，指出推销观念注重卖方需要，市场营销观念则注重买方需要。推销观念以卖主为出发点，考虑如何把产品变为现金；而市场营销观念则考虑如何通过制造、传递产品以及与最终消费产品有关的所有事物，来满足顾客的需要。

第二次世界大战后，随着社会生产力迅速发展，市场趋势表现为供过于求的买方市场，市场竞争加剧，传统的营销思想已经难以引导企业走向成功。许多生产者开始认识到，必须转变经营观念，才能求得生存和发展。正是在这种形势之下，市场营销观念这一新的经营思想便应运而生。由于市场营销观念符合生产是为了消费这一基本原理，因此，既有利于较好地满足市场需要，同时又提高了生产者的环境适应能力和生存发展能力，因而为众多的企业所接受，并成为当代市场营销学研究的一条主线。

五、社会营销观念

社会营销观念也称为“社会中心论”，持有这种观念的人总是“力求化解顾客和社会总体利益之间的矛盾”。这种观念是20世纪70年代中后期以来，适度环境恶化、资源短缺，人口激增、贫困以及忽视社会服务等一系列问题而产生的。这种经营思想认为，生产经营活动不仅要满足消费者的需要与欲望，而且要符合消费者的长远利益。也就是说，市场营销认为在满足消费者某种需要的同时还要考虑兼顾他人的需求和社会利益。例如：酿酒企业生产不同档次的酒，以满足不同消费者的需求，同时也为社会作贡献。

社会营销观念的出现，说明人们从社会多个方面去考虑问题，不仅考虑企业效益，而且还考虑企业本身条件对社会环境、生态平衡、资源和社会长远利益的影响。例如：四川某名酒企业，长期以来资助山区贫困学生的发展，关心生态环境治理，获得较好声誉，因而销售量大增，获得社会很好回报。

第二节　农产品营销的特征

一、农产品市场及其特点

（一）农产品市场及其类型

农产品市场有狭义和广义之分。狭义的农产品市场是指农产品交易场所。如农贸市场、粮食市场、果品市场和水产品市场等等；广义的农产品市场是指农产品交换关系的总和。从不同的层面划分，农产品市场可分为不同的类型。

1. 按组织形式划分

根据市场的组织主体内容，农产品市场可分为国有商业组织的农产品交易市场、供销合作社组织的农产品交易市场、集体组织的农产品交易市场、农村个体商业组织的农产品交易市场和专业协会组织的农产品交易市场等。

2. 按农产品类别划分

根据作物种类的不同，农产品市场可分为粮食市场、油料市场、棉花市场、蔬菜市场、肉禽蛋市场、果品市场和水产品市场。

3. 按农产品交换区域划分

根据农产品交换场所区域范围的不同，可把农产品市场分为国内市场和国际市场。国内市场又可分为农村市场和城镇市场、南方市场和北方市场、沿海市场和内地市场。

4. 按农产品交易规模和类型划分

根据农产品交易规模和类型的不同，农产品市场可分为农副产品综合交易市场、专业批发市场、零售市场、城乡集贸市场，外资市场、联合市场和连锁市场等。

5. 按农产品交易形式划分

根据农产品交易形式的不同，农产品市场可分为现货交易市场和期货交易市场。

（二）农产品市场的特点

农产品市场与其他市场相比有其独自的特点，主要表现在以下几个方面。

1. 农产品市场交易的产品具有生活资料和生产资料的双重性质

许多农产品具有生活资料和生产资料的双重性质，如小麦、玉米、大豆、油料、果品等，既是人们日常生活的常备用品（生活资料），又是食品加工工业和饲料工业的原材料（生产资料）。

2. 农产品市场具有供给的季节性和周期性

主要是农业生产具有周期性和季节性。因此，农产品市场的货源是随农业生产的季节性而变动，一年中有淡季、旺季，农产品在数年中还有大年、小年之分。农业生产的这些特点要求对鲜活农产品要及时采购和销售，要求在农产品供应中克服生产的季节性和周期性，维持均衡供应，保障需求。

3. 农产品市场风险比较大

农产品是具有鲜活生命特点的产品，在运输、储存、销售中会发生因腐烂、霉变、干枯、死亡、耗损等造成损失。所以储运销售农产品要尽量缩短流通时间，改善运销设施，降低市场风险。

4. 农产品市场具有小型、分散，鲜明的地域特点

这是由农业生产特点和农产品消费特点所决定的。一是各地自然条件的不同，农产品种类不同，其产品的口感、风味也不同，消费者也具有不同的偏好。二是农产品的生产分散于全国各地的千家万户，而农产品的消费具有广泛性、少量多次、零星购买的特点。这些特点使农产品市场具有自己的规律和小型、分散、地域性等特点。

5. 农产品市场的相对稳定性

农产品生产过程都是有机生命的生长过程，所以农产品品种的开发和更新换代受农产品生产周期的制约，还取决于生物工程学的科学水平。这就使农产品品种的增加和更新换代要比工业产品难度大、时间长，需要保持相对的稳定性。农产品供求平衡且基本稳定，是社会稳定和保证经济发展的必然要求。农产品经营者可以利用相对稳定性大胆开拓新的经营领域，向加工领域做文章，开发多种多样的产品，以满足消费者的需要。

农产品市场的这些特性，要求生产经营者在市场营销活动中，要自觉按照客观规律来指导自己的生产经营活动，降低风险，提高效益，才能达到预期效果。

二、农产品营销及其职能

（一）农产品市场营销的含义

农产品市场营销是指农产品生产和经营的个人和组织，在农产品从农户到消费者流程中，实现个人和社会需求目标的，各种农产品创造和农产品交易的一系列活动。它是一个比农产品运销更为广泛的概念，农产品市场营销要求农产品生产经营者不仅要研究人们的现实要求，更要研究人们对农产品的潜在需求，并创造需求。我们可以从以下各方面理解农产品营销的内涵。

1. 农产品营销的主体是农产品生产和经营的个人和组织

农产品营销的主体不仅包括农业经营企业，而且包括更多的农产品创造和交易活动的行为主体，如农产品生产组织（农户、农场）及个人、农产品收购企业、农产品批发和零售商、中间商、农产品加工企业、运输公司、仓储企业、餐饮店以及农产品专卖店等等。

2. 农产品营销贯穿于农产品生产、流通和交易的全过程

农产品营销的内涵不仅限于农产品离开农户（农场）后到消费者手中的流通领域活动，而且包括农产品产前生产计划的制定和决策，新产品的培育和开发、农业生产资料的供应，以及农产品生产者按生产计划进行

的符合市场和社会需求的产品生产。

3. 农产品营销概念体现了一定的社会价值或社会属性，其最终目标是满足社会和人们的需求和欲望

我们常说，市场需要什么，农户就生产什么；什么产品赚钱，就生产什么产品，农产品营销中的产品创造和交易活动，就是要通过市场机制，通过价格引导，去满足人们的需求，满足社会的需求。

（二）农产品营销的职能

农产品营销职能就是企业在农产品营销活动中的基本任务。

1. 聚集职能

聚集职能是指原料和商品集中的职能。由于农产品广泛分散于远离农产品市场和加工企业的生产领域，因此，农产品的集中对市场交易和农产品加工都十分重要。

2. 分级职能

由于农产品营销标准化的广泛推行，农产品在收集过程中，一般都要经过分级。农产品分级可以促进优质优价，满足不同层次的消费需求，保证农产品加工原料的品质、规格的标准化，还减少了农产品加工的难度。在国际农产品营销中，农产品的分级与标准化条件更为严格。在日本，所有农产品进入市场前都要按一定标准进行严格的筛选分级。鱼虾是以“条”为计量单位，梨、苹果多以“个”为计量单位，大白菜、包菜以一棵、半棵标价。在市场上见不到以重量单位计价的蔬菜水果，等级外的农产品是不允许进入市场销售的，而只

是作为加工原料。

3. 储藏职能

多数农产品的生产都具有季节性，而农产品消费具有持续性，这就需要利用储藏设施和先进的储藏方法进行储存，以保证农产品品质，满足人们长期的消费。例如：果汁加工企业对原料（鲜果和果酱）持续性的需求，因农产品收获季节导致原料不能满足持续性使用，所以建立仓库及其他储藏设施变得十分必要。

4. 加工职能

市场营销的加工职能不仅使农产品具有更加吸引消费者的表现形式，例如：肉食品加工，鲜肉变成零售商店里各种形式的火腿肠、肉罐头等加工品；谷物则可经过碾磨并加入其他配料制成各种糕点、饼干等，而且在繁荣地方经济、促进农民增收，带动农户致富，转移农村剩余劳动力等方面的作用日益明显。

5. 包装职能

商品讲究包装，农产品也不例外。农产品包装是为农产品便于运输和消费而提供的一种服务。包装不仅可以保护和美化农产品，而且可以使其大小适宜，方便使用。在现代营销中，包装远远超过其原有的意义，它还可以提高商品竞争力，使农产品通过包装设计形成品牌效应，刺激消费者购买力。

6. 运输职能

运输的作用是改变农产品的空间位置。农产品运输几乎连接农产品营销的所有环节，从农产品的集中到最终产品的消费。

7. 分销职能

分销是通过不同销售渠道和方式将农产品分配到零售商和消费者手中的职能。农产品分销渠道包括经销商、代理商、批发市场、城市销地市场、直接采购于产地的超级市场等等，它们构成一个完整的农产品营销网络。例如：某著名品牌牛奶，由企业分销给地区批发商或代理商，然后由这些代理商批发给零售商或直接向消费者销售，减少了企业在流通环节的投资，使企业能够集中关注生产。分销是农产品营销的中间环节，它直接连接农产品的零售环节。零售是农产品的终端，它直接连接消费者。

8. 消费者服务职能

消费者服务职能是农产品营销职能的新发展。市场营销者不仅将农产品销售给消费者，同时，他还必须为消费者提供必要的消费服务。随着买方市场的到来，消费者服务职能日益成为农产品营销的一个重要组成部分。以前的市场营销者的单赢模式将逐步转向市场营销者和顾客的双赢模式，这是现代商品流通经济发展的必然选择。

（三）农产品营销的环节

农产品营销的基本职能和营销环节密切相关，因此，作为农产品营销者还必须掌握营销环节。一般来讲，农产品营销环节为集中、运输、储存、分等级、简易加工、精加工、包装、批发和零销等 9 个环节。当然，并不是每种农产品都必须具有所有的市场营销职能和营销环节，一种产品究竟需要经历几个营销环节主要取决于经营者需要完成哪几项营销职能。

1. 商品集中

产品集中环节将各地许多分散的生产者生产的初级农产品收集起来。这些商品形成大量同质商品，随时可以出售给加工业者、批发商或零售商，或销往国外。一般情况，经销企业专门经营特定的农产品。例如：肉牛的集中环节是由肉牛经销商来完成的，他们可以自己经营，也可以成为肉牛加工厂的代理商，还可将集中和加工职能合为一体。牛奶的集中环节是由奶牛场直接送到加工厂，牛奶的采购或运销协议是由加工厂和奶牛场直接签订的。

2. 产品运输

商品运销环节是指把农产品运输到集中地点或加工厂，再由运输商通过公路或铁路运送给批发商或零销商。运输之所以成为企业经营的一个单独环节，其中一个重要原因是由于许多农产品要求用专门的卡车或火车车皮和特殊设备进行运输。例如：牛奶必须用装有冷藏罐的汽车运输；果蔬类产品的长距离运输最好用冷藏箱或冷藏货车，或者在运输途中采取控温、通风等措施，主要是为了防止产品在运输途中变质而造成损失；谷物运输，一般则要装入袋子或密封箱由铁路运输，公路运输最好使用散装自卸卡车等，并且注意防雨、防尘和避免高速行驶时风流引起的谷物损失。近年来，我国大力推行的鲜活农产品绿色通道政策，就是为了保证鲜活农产品从产地尽快地送到消费者手中，满足人们的需求。

3. 货物储存

各种不同的农产品对温度、湿度等环境条件有不同的要求，储存标准也各不相同。仓库一般是针对特定商品而设计的，有用于谷物、小麦、玉米、大麦等的粮仓，也有储存大豆、油菜籽、向日葵籽、花生和其他油料的仓库，还有用于储藏水果和蔬菜的保鲜冷库。为保证农产品的质量，必须对仓库的温度、湿度、产品含水量等进行监控。柑橘、花生、苹果等大部分食用农产品需要低温来保证质量，采用可控气体是水果保鲜储藏的新技术；马铃薯、甘薯的储藏则要求仓库可加温，以避免冬季低温伤害。另外，在储藏过程中，必须提供防虫害、鼠害和污染的保护措施。在这个环节上，由于时间效能引起的产品增值必须足以补偿这一环节的成本，否则，储藏就没有利润了。

4. 分等分级

经销商从农户或农场那里购买商品后，一般都要分等分级。农产品分等通常在入库储藏前或者是出库时进行。将产品分等后，经销商基本上可以知道最终销售时的价值，因为商品的现货交易和期货交易都是在分等的基础上进行的。当然，哪种等级的商品具有哪种价格，主要取决于市场对各等级商品的供求和相应的供给量。事实上分等分级在我国目前还执行得不好，因为这一职能可以由储存企业或经销商来完成。企业比较重视等级的划分，因为等级影响商品价格，从而影响企业形象和收益。农产品的分等是在加工厂内进行的，如肉类中的牛肉和猪肉等。农产品分等分级在日本、美国等发达国家则是必须进行的，等级以下产品都只能做加工原料，不能鲜销。

5. 简易加工

农产品加工是一个独立的市场营销环节，指加工厂根据消费者或深加工者的需要，对初级农产品进行简易加工。有些产品经过简易加工后便于运输和储存，有的则可以延长加工使用期，便于集中加工生产。食品加工企业普遍承担了这一职能。

6. 精深加工

精深加工就是对初加工产品进行再加工。例如：专门从事方便食品加工的食品精深加工企业，他们从其他加工者手中购买已加工的原料（如面粉、奶粉或浓缩奶、发酵粉、冷冻蛋粉、大豆粉、淀粉和糖等）然后把它们加工成方便食品。大家知道方便面和面包都是深加工产品。又如：纺织品的深加工企业从纺织厂购买布匹，然后制作成服装、床上用品和室内装潢产品等。精深加工企业和加工企业一样，具有同等的市场营销职能，但比加工企业更注重产品更新、市场研究与需求开发。

7. 产品包装

农产品的包装一般在加工厂进行，包括袋装、盒装、罐装和瓶装等。对企业来说，包装是产品策略的一个组成部分，具有明显的促销效果；对于消费者来说，包装的主要职能是保护好产品，并使其更易于选购和消费。值得注意的是，包装适度最好，过分包装不仅造成资源浪费和影响环境保护，而且容易引起消费者的反感。包装材料一般需要专门从事包装的企业进行设计和制造。目前，新的包装设计，如易拉罐、铝塑复合膜包装和易开式纸盒等新材料、新款式包装，已被广泛应用。随着越来越多的方便食品的生产，包装的安全性问题越来越被消费者重视。

8. 分销批发

农产品营销中的分销环节俗称批发。农产品分销商可以分为三类。第一类是从事一般商品批发业务的经销商，他们主要是为大量的加工企业进行产品分销，主要是按照合同履行分销职责。第二类是拥有自己品牌的经销商，他们依靠自己的品牌做广告，将产品推销给零售商或消费者。他们主要通过与一些农场或食品加工者签订合同，订购大量商品，然后贴上自己的商标进行销售。第三类是为零售连锁商店供货的经销商，他们是以连锁经营形式联合在一起建立的内部批发分销机构，对销售和批发业务都实行集中管理。例如：统一从加工者那里进货，总店进行统一加工包装和配送等，成都“红旗连锁”就是典范。

9. 产品零售

零售是农产品营销中的一个重要环节，零售商要考虑经营规模、产品数量和产品种类等。近几年我国零售业发展速度惊人，绝大部分商店都扩大了规模，增加了经营项目，新增加的经营项目包括了辅助食品部门，如在店内开设现场烹饪车间、面包烤制间等，有的还将生产者请到现场促销。

第三节　营销理论与创新

一、营销理论简介

据说，在欧美的学者和企业主管每十年都会总结一下十年来市场营销理论及技巧的发展，回顾十年来市场营销管理活动的趋势、特点和相关的营销理论能否配合实际的需要。根据分析总结的结果，订立未来十年的营销理论及技巧的研究方向，以协助营销管理人员更有效地推行营销计划和活动。这几年，我们国家部分营销学者在这方面也结合我国的实际状况进行了相应的研究和总结。

（一）传统的营销“4P”理论

这是当今营销界朋友运用较多、较广的经典理论。这种理论的核心思想是将企业可以控制的四个市场基本因素（即“4P”）：产品、价格、促销和渠道进行有机的组合运用，以适应不断变化的市场。营销是不是推销？推销、促销、营销的关系如何？它们有何区别？一是在市场竞争中，只采用推销，就只能达成市场销量和市场份额，却不能保证企业确立长久的市场地位；如果只采用营销，有可能导致注重企业战略却无法获得市场竞争的现实业绩于市场占有率。二是从商战的角度讲，推销是战术行为，促销是战术的支援，营销则为战略规划。三是企业要获得市场竞争的胜利，必须将这三种手段组合运用，这就是传统理论的现代应用的营销

"SPM"策略。

（二）"大营销"理论

鉴于传统的营销理论是在20世纪50年代"买方市场"条件下产生的，随着市场的变化和营销实践的发展，有人认为不但应关注企业内部可控制的"4P"，还必须结合外部环境因素（如政治、经济、文化等），尤其针对"保护性的壁垒"（如地方保护主义等）。因此，"大营销"理论建议在传统的"4P"以外，再加上"权力"和"公共关系"考虑因素。在市场营销手段上，大市场营销除包括一般市场营销组合（即4个P）外，还包括另外两个"P"，即权力和公共关系。（1）权力。大市场营销者为了进入某一市场并开展经营活动，必须经常地得到具有影响力的企业高级职员、立法部门和政府的支持。比如：一个制药公司如欲把一种新的避孕药打入某国，就必须获得该国卫生部的批准。因此，大市场营销须采取政治上的技能和策略；（2）公共关系。权力是一个推的策略，公共关系则是一个拉的策略。舆论需要较长时间的努力才能起作用，然而，一旦舆论的力量加强了，它就能帮助公司去占领市场。的确，只靠权力这么一种策略，有可能不足以使公司进入一个市场并巩固其在该市场中的地位。例如：在20世纪60年代末期，韩国允许日本一些化学公司到韩国开办化工厂，以满足韩国发展重工业的需要。这些化学公司对韩国政府玩弄了一套权术，提供技术援助和新的就业机会，为政府官员支付额外款项（应看成是贿赂——编者注）。然而，在20世纪70年代初，韩国舆论界指责日本工厂让年轻女工接触有毒化学品，致使大多数女工失去了生育能力。日本公司试图以金钱拉拢韩国政府官员来平息舆论界的指责，但它们不能平息。这种舆论，促使企业不断改进生产方法保障职工安全，和在公众中树立起良好的形象等一类问题起到促进作用，并使他们给予更多的重视。

（三）战略性营销

当今，许多营销人士又提出“战略性营销计划”的概念。这种思想认为“战略性营销计划过程”应该先于“战术性营销组合”的制订。其实，不管是什么理论和技巧，它都是围绕着“市场”这个永恒的主题来的。市场在变化，一切营销也应是动态的。战略性营销用来衡量现代企业的三个指标。在西方国家，政府或投资者对一个企业成功与否，有一个简单的衡量标准。一是顾客满意度，它关系到你的市场占有率和企业发展。二是员工满意度，它关系到产品的生产率、质量、荣誉、创造力。三是现金流入，它是企业的动力，是企业生存的关键。

我们了解或掌握了营销理论，关键是在实践中要运用好。一是要充分重视战略性营销，用好市场探查、市场分割、市场优先和市场定位等战略性组合。农业产业化经营必须源于对农产品消费需求的深入调查和仔细研究，通过市场研究，寻找潜在需求，捕捉市场机会。根据一些细分变量来分割市场，进行比较、评价，选择其中一部分作为自己为之服务的目标市场，针对它的需求特点开发适宜的产品，制订合适的价格、渠道、促销策略，实现产品的既定目标。二是要充分利用好产品策略、价格策略、渠道策略和促销策略等战术性组合。由于四大策略各自包含若干个具体策略，形成各自的亚组合。如产品策略中就包括诸如产品组合策略、新产品开发策略、包装策略、品牌策略，以及产品生命周期策略等。因此，高绩效的市场营销活动不仅在于这四大策略的灵活运用和不断创新，而且还在于灵活运用和有效组合每一个亚策略，形成动态优化组合，协调一致为顾客需求服务。三是要积极应用“政治权力”和“公共关系”。由于农业是弱质产业，比较利益低下，资金紧张，农业产业化经营系统一般难以进行广泛的宣传和促销，往往要充分依靠“政治权力”和“公共关系”这两个策略。一方面，积极利用政府力量，获得宣传支持，引导百姓消费，扩大有效需求。另一方面，农业产业化经营系统应积极参与社会活动，改善与社会各界的关系，树立良好的形象，获得社会各界的关心和支持，通过公共关系达到宣传促销目的。农业产业化经营系统可以利用报纸、电视台等大众媒体以及其他社会机构，为农产品营销创造有利的外部环境。四是要进一步转变营销观念。运用现代的营销思想、营销导向，采用现代的营销方法和手段，来引导、开拓、扩大和满足顾客的需求，才会取得企业的长足发展。五是要进一步落实全员营销的思想。现代市场营销管理是一个管理过程（包括分析、计划、执行和控制），少一个环节都不行；市场营销不仅是一个部门的事情，还是企业的产、供、销、购、开发和财务等所有部门全体员工共同的事，缺了哪个部门（人员）都是不行的。六是要树立新的营销观念。以满足消费者需求为导向的营销观念，转向以满足消费者的注意力为导向的新营销观念。正确进行营销目标、营销策略、营销组合定位。

二、农产品营销创新

创新是指企业家对生产要素的重新组合，按照著名经济学家约瑟夫·阿罗斯·熊彼特的定义，创新可以包括以下几种形式：（1）开发新产品；（2）采用新生产方法；（3）开辟新市场；（4）获得一种原材料的新供给来源；（5）实行一种新的企业组织形式。由此可见，企业的创新是一种综合创新，不仅包括狭义的技术创新，而且还包括与之相伴而生的组织创新、生产创新、管理创新和营销创新。不断追求创新是企业家的天职，是企业活力的源泉。农业产业化经营的实践本身就是一项伟大的系统创新工程，不仅包括组织创新和技术创新，也必然客观要求产业化经营系统进行管理创新、生产创新和营销创新。但在目前的实践中，农产品营销创新尚处于萌动状态，缺乏理论准备和经验积累。笔者认为，目前提高农业产业化经营活力的最为迫切的问题，不是组织创新和技术创新，而是营销创新问题。

（一）农产品市场营销方法的不断创新

所谓营销创新是指企业或企业经营系统在经营思想与营销理念、营销战略与策略、营销方式与营销手段等方面的不断变革与重新组合。营销创新是组织创新成果得以巩固的重要保证，是技术创新成果得以推广和市场实现的根本前提，是管理创新和生产创新的先导。在买方市场的条件下，没有不断的营销创新就没有企业综合创新能力的提高，也就谈不上企业活力的提高。农业产业化经营是农业产业的一次伟大的革命，而从微观角度上看，则是农业产业的微观组织拓展其经营范围，利用农业产业化经营系统内部的“非市场安排”与系统外部市场机制的结合方式，更加有效也更加低成本地满足目标市场需求的业务扩张方式和经营模式。因此，农业产业化的目的不是为了单纯地追求产业链的延伸与完善，也不是单纯为了追求提升农产品附加值，而是通过农业产业经营系统内部的整合，使得农产品的品种、规格、数量、质量与服务更好地符合目标市场需求，从而获得组织的壮大和利润的实现。不管是哪一种模式的农业产业化经营，其主体都是龙头企业。农业产业化经营既不是政府的行为也不是分散农户的个体行为，而是龙头企业根据市场需求和自身业务的需要进行的一种市场行为。这个龙头企业既可以是生产环节的企业，也可以是供应或销售环节的企业；既可以是农民个人或合伙办的企业，也可以是外部的其他企业。农业产业化经营“化”到什么程度，不能依据政府的主观意愿而应该取决市场需求的变化和龙头企业自身的因素。一个农业产业化经营系统的经营效率如何，主要取决于以龙头企业为核心的多元经济复合体的活力。而一个企业或一个多元经济复合体的活力则取决于其创新能力的高低。

对于农业产业化经营而言，农产品营销创新的意义尤为重大，不仅关系到农业产业化经营能否进一步健康发展，更直接关系到我国农业能否经得起“入世”的严峻考验，事关中国农业未来的发展，我们应该从时代责任感的高度来认识其重要性。各地正在进行的“订单农业”、“市场农业”、“农产品名牌战略”等实践就是农业产业化组织进行营销创新的有力例证。随着农业产业化经营的深入推进，客观上迫切要求产业化经营系统全面审视自己的经营思想和营销理念，彻底地从计划经济时代以生产为中心的农产品运销观念的束缚中摆脱出来，全面导入现代市场营销创新，这是农业产业化经营的客观要求和必然选择。

（二）农产品市场经营观念创新

农产品营销创新的先导为了实现诸如利润、销售增长率等目标，农产品经营者必须进行市场调研、产品开发与农产品储运、销售等一系列与市场有关的经营活动。在从事这些活动时，应当以什么样的理念为指南，应当如何处理企业、顾客、社会之间的利益关系，就成为任何企业或生产经营者必须首先回答的问题。对于这一问题的回答，就构成一个企业的市场经营观念，也称营销管理观或市场营销观。它是决定企业生产经营活动方向的指南，也是为经营者在组织和谋划企业的市场营销时的指导思想和行为准则，概括了企业的经营态度和思维方式，贯彻于企业市场营销活动的全过程之中。

（三）农产品营销组合创新

营销创新是指企业或企业经营系统在经营思想与营销观念、营销战略与策略、营销方式与营销手段等方面的不断变革与重新组合。在传统的农产品运销观念指导下，农产品生产经营主要依靠农产品的储存与运输、推销与促销等手段来实现扩大销售。农产品市场营销观念则通过协调市场营销即围绕目标市场需求的变化，综合地运用各种营销战略与策略，并加以优化组合，不断创新，通过比竞争对手更加有效地满足目标市场的需求来实现企业增长和利润的实现。

第四节 营销观念整合

近年来，我国农产品营销有了长足的发展，许多地区农产品已走向了国际市场，但从市场营销的角度看，我国农产品营销还不够规范和科学，营销概念还不突出，以致农产品营销缺乏厚实的基础，尚处于初级营销的阶段，亟须进行整合和重构。

一、农产品营销观念的整合和创新

对目前我国农村的营销观念加以分析，占主要地位的仍是传统的生产观念、产品观念和推销观念，而以消费者为中心的现代市场营销观念在农村广大干部和农民中尚处于次要地位。许多农民仍习惯于“生产什么，消费什么”，是“生产什么档次的农产品，就推销什么档次的农产品”，在这样一种营销观念格局支配下，农产品营销必然是落后的，零碎的，脱离市场需求实际的。

改革开放已经 20 多年，我国农民的营销观念仍没有大的转变，一是表明传统营销观念的情况和习性的作用，二是农村商品经济和市场经济发育远比城市滞后。许多农民仍未从“交公粮”的传统观念中解脱出来，粮食丰收了就等着国家收购，不用为卖粮难，卖农产品难发愁。而国家为解决农村、农业、农民问题，特别是出于稳定和提高农村人民生活的目的，基本上采取放开收购的政策。从而形成了农民只管种，国家只管收（不排除个别时期国家帮种带收的情况）的传统习惯。

市场营销观念是经营者经营的指导思想和管理哲学，农业要从传统农业向现代农业转变，首先在于广大农民观念的转变。即从传统观念转到以市场需求为中心的现代市场营销观念上来，变“生产什么，消费什么”，为“市场需要什么，我才生产什么”，“市场上需要什么档次的产品，我才生产销售什么档次的产品”。目前，促使农民营销观念的整合和创新，可采取以下措施。

1. 市场教育

市场是最好的课堂，也是最直接、最客观的教育方式。如果农民仍沿用传统观念来组织农业生产，不考虑市场需求变化，那么无论如何也通不过市场这个出口。近年来，随着市场经济发展，有些农民已经意识到市场营销观念的价值，按市场需求和消费需求的变化去运作，均取得了明显的经济效益。

2. 典型示范

典型示范对于偏于保守观念的农民来说，往往效果很好。有时一般的常规说教，许多农民并不相信，他们更多的是亲眼看到的事实。所以，通过典型示范的作用，比如有的农户按订单组织生产，即常说的“订单农业”，实现产销一体化，这对那些仍抱有等、靠、要观念的农民来说无疑是最好的示范。

3. 强化风险意识

农民从传统的保守观念向具有风险意识的观念转变，这对于习惯“日出而作、日落而息”的农民来说可以视为一种观念上的创新，这种创新不仅具有现实性，也具有革命性。因为农民一旦具有风险意识，敢于闯市场，也就意味着农业生产纳入了市场经济体系，让市场去调节，发挥市场在农业资源配置中的作用。

二、农产品营销行为的整合和创新

随着市场经济的发展，许多农民已经意识到市场需求的重要性。但有一种现象值得注意，就是在农产品市场需求信息不充分的情况下，许多农民只好根据有限信息凭感觉决策，这无疑是增加了决策的盲目性和风险性，以致有些农民因决策失误而蒙受损失。

根据市场营销原理，市场营销开始于产品生产之前，就是说按以消费者需求为中心的市场营销观念组织生产，首先要进行市场调查，以求生产出的农产品符合市场需求，这就需要为农民提供生产销售方面的比较充分的信息，供农村组织和农民生产决策时参考。因此，农民由凭感觉决策到凭充分可靠的信息决策的转变是另一个营销整合和创新。

现在的问题是谁为农民生产决策提供信息，信息的传递渠道是什么，谁来搜集信息？这是一个必须认真思考和解决的问题。按常理，谁生产，谁搜集信息。但现在农业生产基本上是以一家一户为单位，加之农村市场信息披露的硬件落后，信息渠道不畅通，农民收入还比较低，难以为市场调查和搜集信息提供财力支持。这种经营单位的分散性、信息传播的落后性和财力的稀缺性，就决定了单靠一家一户的农民承担信息收集和决策的任务是不现实的。而具体可行的做法是由各级政府、农业生产的相关部门、大众传媒来负责农产品产销及其他相关信息的任务。比如：在春耕之前，政府举办信息发布会或举办信息大集，电视台开设专门频道，广播电台开设专门栏目，农村基层组织经常提供市场信息手册，并定期请农业经济专家为农民生产决策提供咨询服务，形成纵横交错的农业信息覆盖网络。根据国际经验，发达国家的农业现代化基本上是由农业信息化推动的。如美国，现已健全了手段先进和渠道畅通的全球农业电子信息网络，美国农业信息化强度是工业的181.6%；日本也已形成了从全国到地方完整的农业情报系统。我国农业信息化起步晚，农业信息化强度低于工业288.9%，更低于发达国家。因此，我国应尽快制定农业信息化建设的政策，加大对农业信息化建设的投入，规划部门抓紧规划，力争在5年内建成县以上农业信息网。充分发挥农业信息的作用，减少农业生产前决策的盲目性，推进农业现代化建设。

三、农产品目标市场的重构与创新

根据市场细分确定的目标市场，覆盖战略有三种，既无差异性营销、差异性营销和集中性营销。纵观多年我国农产品营销，基本上采取的是无差异性营销，这种营销方式是与我国农产品传统的粗放经营方式相吻合的。它不考虑消费者需求的差异性，不注重提高农产品的品质，不主动参与竞争，只凭多年自己习惯的销售方式进行销售。而当市场营销环境发生变化，消费需求发生变化，农产品销售就会遇到困难。这种营销方式已经暴露出弊端。

1. 农民缺少提高农产品品质的主动性

近年来，我国不断提倡和引导农民提高农产品品质，促使农民由追求数量扩张向提高质量转变，这种努力为什么收效不大，一个重要原因是大多数农民没有认识到无差异营销的缺陷，因而也就缺乏营销方式创新的动力。

2. 我国至今无统一的农产品质量检测标准体系

我国加入 WTO 后，我国农产品出口频频遭遇进口国的绿色壁垒，甚至有的国家针对我国农产品规定了苛刻的标准，使我国农产品出口不断受阻，损失较大。分析原因，肯定与无差异性营销方式有关。在这种营销方式支配下，我国有关部门不必制定统一的农产品质量标准体系，农产品检测手段落后，缺乏强制性政策，农产品生产任凭农民自发的种植，销售基本呈原始状态。至于农产品中，如蔬菜等产品的农药等有害成分的残留，至今还没有相应的措施予以解决。这种情况，在我国市场上销售的农产品，由于没有检测制度，消费者又不是专家，有些农产品品质较差的情况容易被消费者所忽视，以致国内市场信号失真，难以起到真实的调节作用。

但将我国农产品输往国外时，面对有些国家比较严格的检测标准，我国农产品品质较差的问题就浮出水面。因此，农产品营销必须要进行营销方式创新，变无差异营销为无差异性营销、差异性营销和集中性营销并存，尤其要重视差异性营销的作用。只有这样才能更好地满足国内国际两个市场的需求。

四、农产品市场营销组合的整合与创新

市场营销组合是指企业的产品、价格、渠道和促销等因素，根据营销目标所进行的组合和搭配。这四个因素并不是孤立存在的，而是相互联系、相互制约的关系，任何单独使用一个因素或环节衔接不好，都会降低市场营销的效果，进而影响企业产品的竞争力。我国农产品营销在市场营销组合的配合上，存在不少问题，需要按市场需求和环境变化的需要进行重新整合与创新。

1. 产品层次的次组合

我国农产品品种不够丰富，更新换代较慢，特别是市场前景好、销路广的品种过少。而现在产品中品质较低的又占较大比重。根据产品层次组合的要求，要利用科技力量不断开发新品种，提高原有产品的品质，形成针对不同市场需求的产品系列。

2. 价格要素的次组合

按这个组合的要求，农产品要贯彻优质优价，劣质低价的原则。特别是绿色农产品，要将价格定得高些，以促进绿色农产品的发展。但在发挥价格杠杆作用的同时，一定要注意价格的真实性，让价格反映真实的市场供求状况。所以，要规范市场秩序，避免一哄而起，盲目无序的现象出现。

3. 要发挥渠道的作用

目前的农产品市场在渠道方面，除了国家收购和交通便利的大中城市设立的农产品批发零售市场外，在收购渠道上存在着零散、盲目的问题，缺少大的中间商和中介组织，产销衔接不畅，偏远地区出售农产品就更加困难。因此，要大力拓展农产品渠道，发挥中间商的作用。比如：有的地区采取的“公司＋农户”模式，“合作社＋农户”模式，都较好地解决了农产品销售的问题。

4. 促销的组合

促销组合是指广告、人员推销、销售促进和宣传的组合。就我国农产品市场情况看，在这个组合中，除人员推销较好外，其余，如广告、销售促进和宣传都需加大力度，尤其是广告和宣传更应加大力度，目的是通过各种促销方式打开市场，扩大市场份额，增强竞争实力，通过市场发育提升农产品品质，提高经济效益。

5. 农产品营销的组合

对农产品营销组合总的要求是首先要有好的产品，在此基础上，制定合理的价格，采取灵活有效的营销渠道和科学的促销组合。配合起来将农产品推向市场，扩大销售。在运用市场营销组合时，不要只注重价格策略，而忽略它们之间的相互配合。否则，农产品市场营销就会陷于困境。

在农产品生产和销售问题上，一定要重视以消费者需求为中心的市场营销观念的作用，树立大市场营销观，破除传统观念的束缚。通过营销的整合和创新，促进传统农业向现代农业转变，促进相对封闭的农业向开放的农业转变，促进零散的市场向集中有序的市场转变。

第五节 农产品绿色营销

随着人类物质文明不断提高，地球的生态环境却遭到了破坏。尤其是农产品生产过程中化肥农药的广泛使用，在大幅度提高农产品产量的同时，对产品和环境的污染也日益引起人们的关注。人们的环保意识和生存意识在逐步增强，人类悄悄掀起了一场“绿色革命”，经营者采取“绿色战略”，生产绿色食品，实施“绿色营销”，迎来了一次新的发展机遇与挑战，绿色浪潮正向我们走来。为了做好农产品绿色营销，我们要做好以下工作。

一、树立绿色营销观念

不仅是营销部门，整个企业都应确立以可持续发展为目标的绿色营销观念，从农产品营销战略的制定到具体实施的过程中都应始终贯彻“绿色”理念。

二、搜集绿色信息

在营销过程中，企业要及时收集农产品的绿色市场信息，深入研究信息的真实性和可行性，发现和识别消费者“未满足的绿色需求”，结合企业的自身情况，制定和具体实施农产品绿色营销策略。

三、制定绿色计划

农产品绿色营销计划是企业开展农产品营销活动的依据和在营销过程中的环保努力方向。

四、生产绿色产品

在农产品生产过程中，按照可持续发展原则和绿色食品标准组织生产、加工的无污染、安全、优质食品。经专门机构认定，许可使用绿色食品商标标志的食品，就是绿色食品。

五、开发绿色资源

在农产品绿色营销过程中，对于农业资源的开发与利用，必须遵循可持续发展原则，加强对生态环境的保护，科学合理地开发利用农业资源。

六、应用绿色技术

在农产品营销活动中，以国内外市场需求为导向，以科研部门为依托，大力开发以农业资源永续利用和促进人类健康为核心的农产品开发、生产、加工、销售技术体系。

七、产品包装绿色化

农产品包装绿色化策略有节约和简化包装、摒除有毒包装、采用可降解包装、使用可重复使用的包装材料等。

八、采用绿色标志

在农产品的营销活动中，选择具有权威性的符合目标市场要求的绿色标志十分重要。

九、制定绿色价格

绿色价格意味着环境资源的开发利用不是免费的，产品的价格需要反映环境资源的价格。由于绿色产品在环保方面增加了投入，因而成本一般高于普通产品成本，这样，在正常情况下，它的价格要高于非绿色产品价格。

十、开发绿色促销

绿色食品作为一种新产品，目前多数消费者并不是很了解，缺乏这方面的知识。这需要生产经营者组织促销人员，直接向消费者宣传产品的功能、使用方法及其对环境保护的作用，并回答消费者的问题。绿色促销包括绿色广告、绿色公关、绿色人员推销和营业推广等。

十一、开辟绿色渠道

农产品绿色营销在其流通各个环节中必须保持其产品的“绿色”。全国推广的鲜活农产品绿色通道，已经为绿色营销打下了很好的基础。

十二、弘扬绿色文化

农产品经营者要积极创办“绿色文化”，健全企业内部的“绿色”管理制度，加强对内部员工的绿色教育，建立起绿色文化氛围；搞好生产生活环境绿化，树立绿色形象，引导绿色消费，实施绿色营销的监督，促进绿色品牌发展。

第三章 农产品营销决策

农产品生产经营者在产品生产和市场营销过程中，首先需要从供应商那里获取原材料或其他投入，然后，经过基地生产或协作生产出产品，这些产品再通过各种营销商，将符合要求的商品最后到达消费者手中。在产品变为商品的过程中，农产品营销商需要根据自己选择的目标市场，准确分析影响农产品市场环境的因素，作出正确的营销决策，以期达到成功的目的。

第一节 农产品市场环境分析

我们常常会听到周围的朋友谈到这样的话题："现在的市场很难做，市场真是太疲软了"等等。我们不否认国家宏观经济大环境等外界因素的影响，但只要静下心，看一看周围的市场，仍然会看到一些做得很成功的企业。其实，市场难做的根本原因就在于企业没有市场细分的概念。导致企业参与同一产品的竞争，产品大同小异，在局部市场商品供大于求。谈不上产品差异战略，更无竞争优势可言，最后落入价格战中难以自拔。一个企业应该学会有所为，有所不为。有句话说得好："只有疲软的企业，没有疲软的市场"。影响农产品市场环境的因素有直接影响因素和间接影响因素之分。

一、直接影响农产品的因素

（一）自身因素的影响

经营者为使产品顺利的销售出去，必须设立营销部门，并卓有成效的开展工作。更重要的是营销部门还要取得企业内部高层管理、财务、研究与开发、采购、生产、运输等部门的协调配合，所有这些形成了企业内部的微观环境，处理不好都可能成为制约营销事业发展的障碍。一是营销部门必须在高层管理部门所规定的职权范围内作出决策，当然所制定的计划在实施前要征得高层管理部门的同意；二是营销部门的业务活动是和其他部门的活动息息相关的，营销部门的工作，必须与其他职能部门相互配合和协作，才能取得预期的效果。

（二）供应商的影响

供应商是向经营者及其竞争对手提供特定产品的个人或企业。资源供应商对营销活动产生以下几项影响。一是资源供应商的可靠性。资源供应的保证程度，影响产品交货期和销售量；二是资源供应的价格变动趋势，影响产品的成本；三是供应资源的质量水平，影响产品的质量。供应商还可分为竞争对手的供应商和合作伙伴的供应商。无论那种类型的供应商，营销人员都应对他们进行理性分析，以便进行有效管理。

（三）营销中介的影响

营销中介是指协助经营者将产品推销给最终购买者的所有中介单位。多数情况，经营者的产品要经过营销中介才能达到目标顾客手中。常见的营销中介有以下四种类型。一是中间商。中间商在经营者营销活动中起重要作用。它能帮助我们寻找顾客并直接与顾客进行交易，从而完成生产者向消费者的转移；二是实体分配公司。主要包括将货物运往下一个目的地之前，专门储存和保管的仓储公司和负责把货物运往另一个目的地的运输公司。一般情况，经营者建立了自己的销售渠道时，就要依靠实体分配公司来销售产品；三是市场营销服务机构。这类机构指调研咨询服务机构、营销咨询机构、广告公司以及各种广告媒体。这些机构协助经营者选择目标市场，帮助推销产品。经营者在利用这些公司时，关键是要选择最适合自己并能有效提供所需服务的机构；四是金融机构。包括银行、信贷、保险公司等。它们为经营者和顾客之间的交易融通资金，并对营销活动带来显著的影响。农产品经营者要主动与它们建立良好的伙伴合作关系。

（四）消费者的影响

消费者是购买经营者产品的人。经营者通常把自己产品的消费者群体称为市场。一般有消费者市场、生产者市场、中间商市场、政府和非盈利市场、国际市场五种类型。农产品经营者应明确目标消费者的特点，制定适当的营销策略，加大产品宣传，引导消费，扩大销售，提高市场占有率。经营者要积极掌握消费者的使用信息。主要有以下几个方面的内容。一是产品对消费者的最终适用性，就是消费者喜欢什么样的产品；二是消费者的购买方法和购买量的变化情况；三是消费者购买产品的标准和要求是什么；四是消费群体的范围和增长幅度以及所在地理位置；五是消费者对产品的要求和建议。经营者要积极争取扩大产品的影响力，拓宽销售渠道，增加销售群体，扩大销售量。

（五）竞争者的影响

市场营销观念表明，企业要想在市场竞争中获得成功，就必须能够比竞争者有效地满足消费者的需要与欲望。因此，农产品经营者所要做的并非仅仅迎合目标消费者的需要，还要通过有效的产品定位，使得企业产品在消费者心目中形成明显差异，从而取得竞争优势。竞争者包括：一是愿望竞争者。即消费者想要满足的各种目前愿望；二是一般 竞争者。即能满足购买者某种愿望的各种方法；三是产品形式竞争者。即能满足购买者某种愿望的各种产品的型号；四是品牌竞争者。即能满足购买者某种愿望的同种产品的各种品牌。

（六）社会公众的影响

社会公众是指对经营者实现其市场营销目标构成实际或潜在影响的任何群体。因此，经营者必须采取积极措施和主要公众保持良好的关系。公众的内涵相当广泛，主要有如下七类。一是金融公众。指影响企业取得资金能力的各种金融机构，如银行、投资公司等；二是媒体公众。指报纸、杂志、广播电台、电视台等具有广泛影响的大众传播媒介；三是政府公众。指负责管理企业营销业务的有关政府机构部门，如国资委、工商、税务、物价等；四是市民行动公众。指各种保护消费者权益组织、环境保护组织、少数民族组织和民间团体；五是地方公众。指企业附近的邻里居民和社团组织、地方官员等；六是一般公众。他们对企业及其产品的认识却对广大消费者有广泛影响；七是内部公众。指企业内部的全体成员。公众对企业的命运会产生巨大影响，因此，经营者一般都设有公共关系部门，专门策划建立和各类公众的建设性关系，定期或不定期征求公众的意见和建议，以期开发新的产品。

二、间接影响农产品的因素

（一）人口统计因素的影响

经营者必须密切注意人口环境方面的动向，因为市场是由那些想买东西又有购买力的人（即潜在市场）构成的，而且这种人越多，市场的规模就越大。一个地区、国家的人口数量，基本反映了该地区、国家消费市场的大小。我国现有人口约占世界人口的1/5，是一个巨大的消费市场，当然这个市场还要与经济发展状况结合起来考察。不同的地理环境条件，人的消费习惯、需求是不同的。如北方和南方环境气候条件不同，物产也不一样，南方人习惯以米饭为主，北方人习惯以面食为主；南方天热需防暑降温的消费用品，北方天冷需防冻防寒的消费品。农村和城市文化程度、生活条件有差别，消费也不一样。比如：彩色电视、洗衣机、VCD等先在城市消费，再转向农村。经营者还要考虑人口发展趋势和人口流动性给消费带来的影响，比如：年龄结构、收入水平、性别构成、种族、家庭规模、职业和教育水平等。还要考虑农村人口流向城市，城市人口向效区流动，以及不同民族消费者的消费习惯和需要问题。

（二）经济因素的影响

经济环境对消费者的购买力有直接的影响。购买力是构成市场规模大小的一个重要因素，而整个购买力即社会购买力又直接或间接接受消费者收入、消费者支出、价格水平、储蓄、信贷、货源供应情况等经济因素的影响。农产品经营者要密切关注经济环境方面的动向，分析经济环境产生和变化的原因。一是消费者收入的变化。消费者收入包括消费者个人工资、红利、租金、退休金、馈赠等收入。消费者的购买力来自消费者收入，所以消费者收入是影响社会购买力、市场规模大小以及消费者支出多少的一个重要因素；二是消费者支出模式变化。消费者支出模式主要受消费者收入的影响。随着消费者收入的变化，消费者支出模式就会发生相应变化。德国统计学家恩斯特·恩格尔1858年研究发现，在其他条件相同时，收入中用于食品部分的数量可以作为衡量居民富裕程度的标志，一般地讲，当收入增加时，消费者会支出更多的钱用于高档消费；三是消费者储蓄变化。社会购买力、消费者支出不仅直接受消费者收入的影响，而且直接受消费者储蓄和信贷情况的影响。消费者收入＝现实消费＋储蓄＋固定资产＋股金＋债券＋利息。在一定时期内储蓄的多少将影响消费者的购买力和消费支出。在一定时期内货币收入不变的情况下，如果储蓄增加，购买力和消费支出便会减少；反之，如果储蓄减少，购买力的消费支出便会增加；四是产品价格变化。一般情况产品价格上涨会抑制消费需求，但不同的产品价格与需求的变动关系是不同的。因此，不同产品应采取不同的定价策略，产品价格变化是供求关系的晴雨表；五是消费信贷变化。消费信贷就是消费者凭借信用先取得商品使用权，然后按期归还货款。主要有消费品分期付款、住房分期付款、信用卡货款等；六是资源供应变化。经营者是否能按期在外部环境中获得在数量、质量都符合要求的资源供应，并且价格是否合理。

（三）自然环境因素的影响

自然环境的发展变化在给经营者造成一些环境威胁的同时，也给经营者带来一些市场机会，经营者要分析研究其自然环境方面的动向。一是某些自然环境资源短缺或即将短缺。空气取之不尽，用之不竭，但空气污染日趋严重。水资源在时空、季节、地域都分布不均，许多国家面临缺水，我国很多城市和华北、西北等广大地区更是严重缺水，已影响到人民生产和生活，国家采取南水北调工程就是解决水资源分布不均供求失衡的重大举措。森林资源保护、粮食安全已经引起各级政府的高度重视。我国森林覆盖面窄，仅占国土面积的12%；人均只有1.8亩，低于世界人均13.5亩。我国耕地少，近30年间由于城市建设和经济发展的需要，耕地面积平均每年减少810万亩，粮食生产受到严重影响。国家近年免除农业税，实行粮食直补、农资直补、农机购置补贴等多项政策措施，调动农民种粮积极性；二是环境污染日益严重。随着工业化和城市化的发展，环境污染日益严重，公众对这个问题越来越关心，并认识到环境污染的危害性。这种动向对那些造成污染的行业和企业是一种环境威胁，它们在社会舆论的压力和政府的干预下，不得不采取措施控制污染；同时，这种动向也给防治环境污染、保护环境的包装企业及其相关产业带来新的发展机会；三是政府对自然资源管理的干预日益加强。随着经济的发展和科学的进步，坚持科学发展，加快发展，又好又快发展的理念日益深入人心。国家加大了对造成环境污染企业的整治力度，对企业效益短期内有一定的影响，污染严重工厂实行关、停、并、转，对工业生产的发展速度有一定的影响。因此，企业要统筹兼顾地解决发展中的矛盾，力争做到既能减少环境污染，又能保证企业发展，提高经营效益。

（四）技术因素的影响

技术发展对经营者有重大影响。它可能给经营者提供有力的机会，也可能给经营者造成威胁。从发展的眼光看，产品升级换代在加速，美国家电从上市到大批量生产平均时距在34年，而现在已缩短为3～5年。新工业时代已经到来，当今世界科学技术飞速发展，并向现实生产力迅速转化，日益成为现代生产力中最活跃的因素和最主要的推动力量。科学技术和生产资料相结合，就会大幅度地提高劳动生产率，帮助人们向生产的深度和广度进军。新技术革命有利于企业改善经营管理，新技术革命将影响零售商业的结构和消费者的购物习惯。知识经济的发展给经营者带来机会和挑战，促使企业对市场需求作出快速反应，开发适销对路的创新产品，更好的满足市场需求。

（五）政治因素的影响

国家、政府、社会团体通过计划手段、行政手段、法律手段、经济手段和舆论手段来管理和影响经济。发达的资本主义国家政府主要是通过法律手段来限制和控制经营者的生产经营活动，其主要目的：一是保护大公司、大集团的利益，防止不公平竞争；二是保护消费者的一定利益，监视企业行为；三是保护社会利益，防止污染，扩大就业机会，保持社会稳定等。国家的各项经济法规和政策出台都对经营者有不同程度的影响，有的是促进发展的影响，有的可能是限制发展的影响，经营者关键是如何在经营实践中不断调整自己的经营策略和发展方针，以适应新的政策和发展环境，做强做大营销事业。

（六）社会文化因素的影响

社会文化主要是指一个国家、地区的民族特征、价值观念、生活方式、风俗习惯、宗教信仰、伦理道德、教育水平和语言文字等要素的总和。文化对所有营销参与者的影响是多层次、全方位、渗透性的。它不仅影响企业营销管理，而且影响消费心理、消费习惯、恋爱婚姻和消费时尚等，这些影响大多是经过间接的、潜移默化的方式来进行的。不同文化水平的消费群体有不同的需求，企业的营销决策和营销活动都要根据消费群体的需求做出灵活的、有针对性的营销策略，以满足不同层次的群体需求。

第二节 农产品营销要点

当前，我国农业产业结构调整和农村改革正在向纵深推进。加快农产品市场体系建设，进一步搞活农产品流通，发展好农产品市场营销的作用，对于促进农业产业化经营，切实增加农民收入，统筹城乡经济发展具有重要意义。

一、搞好市场营销调研

农产品市场营销调研，就是系统客观地收集、整理和分析国际、国内市场营销的资料数据，以帮助管理人员制定有效的市场营销决策。市场营销调研的内容极为广泛，归纳起来，不外乎三个方面：一是营销环境调研。主要包括目标市场国家和地区的政治、经济、法律、文化及其自然条件等；二是目标市场需求调研。主要是对目标市场国家和地区的人口状况、收入水平、当地产量和进出口等进行调研；三是市场营销实务调研。包括对目标市场国家和地区的消费者偏好以及运输方式、销售渠道、促销、定价等进行系列实务调研。在调研的基础上，按照三大原则搞好市场营销预测。第一，惯性原则。即根据惯性或延续性原则，分析预测对象过去与现在的运动状况，找出这种状况的运动规律并加以延伸，从而预测未来的发展变化趋势。第二，相关原则。即通过分析预测对象与相关事物的相互关系和影响程度，揭示事物运动的因果规律和变化特征，进而从原因事件的变化预测结果事件的发展，从先导事件的变化预测后来事件的发生。第三，类推原则。即根据与预测对象有相似特征的一个已知事件的运动规律与变化特征，类推预测对象的发展趋势及可能出现的状态。按照以上原则，采取专家会议法或专家意见法等搞好目标市场定性预测；采取市场法、加权平均法等搞好目标市场定量预测。在市场调研的基础上，搞好市场细分，选择目标市场，进行市场定位。

二、按照市场需求组织好农产品生产

按照市场营销理论，农民不再是想种什么就种什么、能产什么就产什么、产出什么就卖什么，而是在营销调研的基础上，根据目标市场的需求和自身的资源条件，来确定种什么、怎么种、种多少。首先，要根据目标市场需求，搞好品种和季节选择。其次，要不断开发新品种，提高科技含量。比如：反季节农产品、名特优稀农产品十分畅销，而普通产品、低劣产品则明显地出现滞销现象，就要特别注意实施农产品名牌战略。在市场竞争日益激烈的今天，实施农产品名牌战略，应作为整个农产品营销过程中的关键环节来抓。因为通过创名牌，不仅有利于提高农产品质量的总体水平，而且有利于促进农业生产的管理水平、技术水平和人才水平；还可以优化农村社会资源配置，优化产业结构，加快技术

进步，促进农业技术结构和产业结构的合理化。所以，要把工业企业创名牌的经营之道移植到农业生产上来，让农产品名牌走出国门，走向世界，真正为农产品营销开辟“绿色通道”。

三、制定农产品市场体系建设规划

在搞好调查研究的基础上，统筹考虑各类农产品生产流通、消费、出口的要素要求，从保证生产合格、流通顺畅、消费满意、出口增长的需要出发，科学论证，合理布局，形成全国贯通、层级合理、规模适度、管理规范的农产品市场网络，为农产品市场营销奠定基础。

四、加强农产品市场基础设施建设

要多渠道筹集资金增加投入，从根本上改变农产品市场设施简陋、交易条件差、服务功能不配套的状况。借鉴发达国家和地区的经验，对市场的水、电、路和大型交易设施、电子信息系统、结算系统、农产品质量检验系统等公共基础设施建设，政府财政要加大支持力度。通过对农产品市场的整合、改造与完善，逐步建设一批设施先进、功能齐全、交易规范、辐射广、信誉好的现代农产品市场，带动整个农产品市场网络上档次、上水平。

五、加快推广现代交易方式和运作管理模式

重点在大中城市的销地批发市场、农产品主产区的大型产地批发市场，积极推行标准化分级分类和包装，与物流配送和连锁经营等现代营销方式对接。有条件的逐步开放期货交易、拍卖交易和电子商务等营销方式，这样既可以规范市场交易方式，提高营销效率，又可以用先进的营销管理模式带动农业标准化生产。

六、提高市场主体组织化制度

一方面要大力发展农民合作运销组织，让农民组织起来进入市场，解决一家一户生产经营活动的信息不对称，进入市场难，风险大，产品运销环节多、成本高，从而导致农民增产不增收的问题。另一方面，要培育农民经纪人队伍和代理商、中间批发商组织，扩大营销规模，提高交易效率。

七、建立完善农产品市场营销信息系统

要制定市场信息标准，建立信息采集、发布的渠道，运用现代技术，加强信息统计、分类、预测、分析，为农产品市场营销提供有力的信息支持。同时解决信息传递给普通农民的问题，为引导农民调整产业结构和参与市场营销提供有效的信息服务。

八、完善农产品市场准入制度

对食用农产品实行质量安全市场准入制度，是保证消费者安全和规范农产品市场营销的重要环节。目前，国家级农产品检测中心已达 18 家，标志我国农产品检测体系的进一步完善。地方政府要不断完善农产品市场准入制度，不但在销地市场进行质量安全监测，还要将

产地市场与生产环节的监控监测结合起来，逐步做到产前、产中、产后的全过程质量安全控制。

九、加快制定农产品市场营销管理的法律法规

我国农业立法是弱项，农产品营销立法更是几乎空白。立法缺失导致农产品市场营销局面比较混乱，营销成本提高，营销效益下降，而且农产品质量得不到保证，百姓谈吃“色”变。要加快农产品市场营销立法步伐，规范农产品质量管理、市场管理、经纪人管理和农产品进出口管理的方方面面，维护农产品市场营销秩序，推动农产品市场营销更快、更好地发展。

十、强化政府对农产品营销的指导

我国的社会主义市场经济是一种由政府宏观调控的现代市场经济。尤其是我们正处于经济发展的赶超阶段、农业结构的重大调整时期和经济体制的转轨时期，必须依靠政府的宏观调控来克服市场功能的缺陷，引导市场微观主体顺利进入市场体制。对农产品市场营销而言；一是要搞好计划。在市场经济条件下，计划能弥补自由竞争的缺陷，同时又不使其失去优点。农产品市场营销计划包括计划概要、现状分析、预期目标、营销战略、行动方案和控制方法等内容。只有科学的营销计划，才有助于在市场竞争中抓住机遇，减少失误，提高营销效益，增加农民收入；二是要搞好营销控制。即依据营销计划的要求，对计划过程进行监控和评估，根据信息系统提供的资料，分析整个营销活动与目标是否一

致，纠正各个环节可能出现的偏差，以保证营销目标的实现。其内容包括年度计划控制、获利性控制和战略性控制；三是要创造条件，按照产业化的思路大力培植营销组织，尤其是培植一批股份合作营销组织，担当起农产品营销重任；四是要及时协调解决农产品营销过程中出现的各类合同纠纷，逐步建立农产品风险储备和价格稳定基金，保证农产品市场营销健康有序地运行。

第三节 农产品目标市场选择

农产品市场细分的目的在于有效选择并进入目标市场。所谓目标市场，就是企业拟投其所好，为之服务的具有相似需要的消费群体。在现代市场经济条件下，任何产品的市场都有许多消费群体，他们有不同的需要。不同城市的农产品市场有不同的特点，不同城市的居民也有着不同的消费习惯，果菜市场营销必须提前做好市场调研，对市场进行细分，实行目标市场营销。只有这样才能做到有的放矢。比如：冬瓜市场，南方城市大多喜欢青皮品种，而北方城市则接受粉皮冬瓜。西瓜市场更为复杂，有的城市喜欢黑皮品种；有的城市喜欢青皮品种；还有的城市青睐花皮品种；以前消费者多喜欢西瓜越大越好，现在则趋向于高品质、小型化等。这些变化都需要好好地研究。并根据自己使命目标、资源特长等来决定进入哪个或哪些市场，为哪个或哪些市场服务，即进行目标市场选择。

一、无差异市场营销

无差异市场营销是指企业在市场细分后，不考虑各子市场的特性，而只注重子市场的共性，决定只推出某种单一产品，运用某种单一的市场营销组合，力求在一定程度上，适合尽可能多的消费者的需求。这种战略的优点是产品的品种、规格、款式简单，有利于标准化与大规模生产，降低成本。其主要缺点是某种单一产品要以同样的方式广泛销售并受到所有顾客的欢迎，这几乎是不可能的。并且在同行中有几家企业都实行无差异营销时，在较大的子市场中竞争将会更加激烈，而在较小的子市场中需求将得不到满足。由于较大子市场内的竞争异常激烈，因而往往是子市场越大，利润越小。营销者要充分认识到这一点，促使企业增强进入较小子市场的兴趣。综合考虑生产、传送以及最终交换农产品诸环节的所有要素，统筹安排以满足顾客的需求，从而实现农产品营销者的利润目标。

二、差异性市场营销

差异性市场营销，是指企业决定同时为几个子市场服务，设计不同的产品，并在渠道、促销和定价方面都加以相应的改变，以适应各个子市场的需要。企业的产品种类如果同时都在几个子市场占有优势，就会提高消费者对企业的信任感，进而提高重复购买率。而且，通过多样化的渠道和多样化的产品线进行销售，通常会使总销售额增加。差异性市场营销的主要缺点是使企业的生产成本和市场营销费用增加。如产品改进费、生产成本、管理费用、存货成本、促销成本等。

三、集中性市场营销

集中性市场营销是指企业集中所有力量，以一个或少数几个性质相似的子市场作为目标市场，试图在较少的子市场里取得较大的市场占有率。实行集中性市场营销的企业，一般是资源有限的中小企业，或者是初次进入新市场的大企业。由于服务对象比较集中，对一个或几个特定子市场有比较深的了解，而且在生产和营销方面实行专业化，可以比较好地在这一特定市场取得有利地位。因此，如果市场选择恰当，企业可以获得较好收益。但是，实行集中性市场营销有较大风险，因为目标市场范围比较狭窄，一旦市场情况突变，企业可能陷入困境。

通常的市场营销情况对某一产品来说，市场已经存在。消费者了解这种产品，只是在不同品牌和不同供应商之间作选择。进入市场的公司要明确目标需求或消费者群体，设计出适当的产品，建立分销网络，并要制订市场营销信息传递方案。与此不同，特大市场营销者所面临的首要问题是如何打进市场。如果产品是新产品，他们还必须通过宣传启发消费者新的需求和改变消费习惯。这就要求比单纯地满足现有的需求具备更多的技能，花费更多的时间和营销成本投入。

四、农产品市场定位

农产品市场定位是指经营者根据潜在消费者的心理

进行营销设计，创立产品、品牌或企业在目标顾客心目中的某种形象或某种个性特征，保留深刻的印象和独特的位置，从而取得竞争优势。随着市场经济的发展，在同一个市场上有许多同一品种的产品出现。企业为了使自己生产的产品或销售的产品有稳定的销路，就要从各方面树立产品的特色和形象，以获取消费者的偏爱，这就是市场定位的目的。农产品市场中也有高档市场与低档市场之分，市场定位目标就是树立品牌形象，提高知名度，扩大销售。低档市场上的农产品供应主要是大批量供应，不注重包装。保证产品质量，以价廉物美为最佳定位。市场目标是取得量的突破，从而获取更多利润。高档市场则主要面向高消费人群，该人群对生活质量要求比较高，而愿意付出较高的价格取得优质产品。在高档市场上，农产品必须做到优质、美观、包装考究。

五、建立企业的竞争优势

企业的竞争优势，是与企业的竞争对手相关和互动的。作为企业来讲，不仅要花一点时间确定自己企业该往哪里走、该如何建立自己企业的优势，还应知道竞争对手往哪里走，竞争对手会选择什么竞争战略。一个企业的竞争优势，主要涉及到以下三个方面：一是产品差异战略。企业不可能包罗万象，应有所为，有所不为。经过市场细分和企业目标定位以后，向主要目标市场提供特色的产品和服务，对于企业集团可以利用其“大”“强”的优势，将企业分成若干相对独立的实体，分别服务于不同的客户群体；二是成本优势战略。考虑成本，不光要注重企业原材料的成本控制，也要关心企业创新、企业的管理运营成本、营销费用、企业技术进步投资和规模效益等，同时，还要注意竞争对手能否“复制”；三是目标集中战略。企业在市场细分之后，应集中企业优势，针对特定的目标市场提供特色产品和服务。

六、定位企业的竞争战略

企业的竞争，其核心都是资源的竞争。要正确定位企业的竞争战略，首先要明确企业在市场中所处的地位。一般而言，有以下一些思路可供参考：市场上的“龙头老大”企业，适宜采取“防守战略”。即“自己打自己”，“向自己挑战”、力求企业不断创新，保持领先；处于市场的“第二”、“第三”的企业，一般会积极采取“进攻战略”，力求在防守企业的优势中找其弱点，形成相对优势；无法与市场前三名争夺优势的企业；建议采用“迂回包抄战”，在局部地区和特定市场形成绝对优势之后，再扩大到其他地区和产品。通过产品并异战术，满足特定消费群；处于创业期的小型企业的战略思想——“游击战”。苦心经营别人看不上的小市场，夹着尾巴做人，同时力求创新，一旦有大企业参与竞争，应果断退出，打一枪换一个地方，利用船小好调头的优势，灵活多变，适应环境。

第四章
农产品营销策略

随着现代农业的发展，部分农产品已出现了结构性、区域性过剩现象，农产品卖难和农民增产不增收的问题将越来越突出。要摆脱农民增产不增收的困境，必须解决“市场需要什么产品、产品卖给谁、如何定价、怎样卖得快”等问题，农产品生产发展要以保供增收、壮大产业为宗旨，以市场为导向，效益为中心，科技为先导，质量为保障，稳定发展面积，优化区域布局，提高产业水平，全面推进农产品产业布局区域化、生产标准化、管理集约化、产品优质化、营销网络化、市场多元化、经营产业化。要以市场为载体，以质量为保证，以品牌为依托，以营销为后盾，着力提高农产品市场竞争力，发展农产品营销。

第一节　农产品营销组合策略

产品就是我们能够生产出来向市场提供的东西，是有用的、能够满足人们需要的东西。产品可以是看得见的一种具体的物品（如梨、桃等各类农产品），也可以是提供的一种服务（如餐馆、导游、销售、场所、组织、思想、主意等）。产品整体的概念包括有核心产品、形式产品、期望产品、延伸产品和潜在产品等五个基本层次。产品根据不同的分类方法，可以划分出许多不同的产品类别。根据产品是否耐用和是否有形，可分为非耐用品、耐用品和服务。按消费者的习惯分类又可分为便利品、选购品、特殊品和非渴求物品四类。农产品指一切能够提供给人类食用和使用消费、加工的农业产品。

农业经营者将营销组合的各个因素视为统一的整体，把产品、价格、渠道、促销等方面的营销因素有机地结合起来，并根据不同的市场营销环境，制定出全方位的市场营销组合策略，完成农产品的销售，实现营销目标，取得经营利润。产品策略是市场营销组合中最重要的因素，任何企业的市场营销活动必须以产品为基础，离开了产品，就无法满足消费者的需要，其他营销活动也就无从谈起。所以，产品策略是市场营销组合策略的基础。为了更好地体现农产品营销价格要高、销量要大、效益要明显的要求，结合四川农产品营销现状，应着重掌握好各方面的营销策略和技巧。

一、大力开发名、特、优产品

当前农产品市场出现的卖难，主要原因是所生产的大宗农产品不能与市场消费需求对接，缺乏具有名、特、优等产品，要大力实施“良种工程”，加速淘汰滞销品种，以质取胜，以优发财，以名特促发展，在提高产品档次、提升产品质量上下工夫。同时引进推广名、特、优、新品种，并依靠农业新技术、新工艺、新机械，减少农产品的生产费用投入，实行农产品的规模化、集约化经营，努力降低单位农产品的生产成本，追求最佳经济效益。

二、夯实农产品营销预测

农产品在需求上存在着地域差异，许多精明的农民兄弟在产品上市之前就已摸清市场的购销动向、行情走势、价格趋势，瞄准了销售对象，做好了营销上市之前先调查并建立起较为稳定的直线流通渠道，产品一上市就可销售出去。

三、尽力瞄准价格时间差

农产品由于气候、品种等因素的直接影响，市场随着季节的变化而存在较大的价格差，如蔬菜、瓜果等农产品，旺季和淡季的价格往往相差很大。农民朋友应该掌握这个规律，努力发展早熟和反季节品种，不赶旺季赶淡季，使产品上市时间提前或推迟；或者在生产旺季时将一些农产品进行保鲜储藏，等到淡季出售，卖出好价钱。

四、加大产品传媒销售力度

有的农产品质量很好却卖不出去的原因就在于缺乏

市场知名度，酒好也怕巷子深。近年来，现代大众传媒如期刊、报纸、电视、广播、网络等，其传播功能正被越来越多的农民朋友看好，已逐渐成为农村农副产品推销的主要媒体。可以尝试着通过现在传媒发布信息，利用传媒“喊”着卖，让销地市场从中捕获产地信息，激发市场需求，从而促进销售。

五、实施多元化销售策略

在市场经济条件下，寻找多种销售渠道，实施多元化销售策略，使产品能及时销售出去，减少不必要的损耗，不失为明智之举。在这方面可以找购销、贩运专业户经销；还可以采取“联合体”的办法，搞产、供、销一条龙经营，平等互利，共同受益。

六、增强异地营销规模

农产品都有一定的适宜种植区域，非种植区由于缺乏种植区的农产品，销路好，价格高；而种植区种植农产品又有供过于求的饱和现象。利用人们“喜新厌旧”的心理，通过争取区域的价格差，要不断增强异地营销规模，将本地产品运输到异地销售，这种在非种植区经营农产品的销售方式，自然有利可图。

七、着力组建营销协会

一家一户的农民小生产如何与大市场对接，实现效益最大化，必须将生产者联合起来，实行统一标准生产，统一定价、统一销售，减少中间环节。一是组织营销协会，建立利益联结机制。(1) 确定经销农产品。品种、数量、范围，质量标准等；(2) 确定经销价格。基本价、保护价、最低收购价格、协议价和运输费用等；(3) 确定利润分配比例。双方分成最佳比例，其他费用处置办法等；(4) 建立风险共担机制。提取风险费用。建立补偿机制等；(5) 签订营销协议。二是建立协会长效服务机制。(1) 开展区域优势产业和优势产品调研；(2) 开展优势产业和特色产品生产培训和技术指导服务；(3) 开展营销服务讲座、评选营销先进个人，建立营销档案；(4) 加大优势产业和特色产品的宣传力度。

八、选好产品运输方式

在得知某地急需某种农产品的准确信息后，还应考虑运输方式。对于瓜、果、菜等鲜活农产品，远距离运输宜采用快捷运输方式，虽然运输费用稍高，但如果及时抓住市场，所获的利润也往往比较丰厚。同时对于一些耐贮藏的如芋头、马铃薯、生姜、大蒜等可通过铁路运输，发挥运输成本低的优势，在销地形成价格差，扩大营销。

第二节　新产品开发策略

开发策略就是开发计划与谋略。开发优质农产品，就是研究分析计划发展优质农产品的谋略。目前我国农产品市场普通产品过剩，优质农产品相对不足，但随着人民生活水平的提高，对优质农产品的需求量越来越大，开发优质农产品、特色农产品前景广阔。要树立市场营销观念，以市场为导向，开发符合市场需要的优质农产品。一方面要提高现有农产品的品质，另一方面要引进国外优良新品种，还要加强与农业科研单位的合作，不断开发优良新品种。

一、新产品的内涵

农产品主要满足消费者的生存需求，与消费者的生命健康息息相关，因此它必须拥有良好的核心产品基础；其次对于定位比较高的产品系列，加强形式产品的完善，良好的产品形式充分体现出生产者、销售者的优质服务态度，对于自身形象的塑造起到积极作用。

从市场营销的角度看，新产品的内涵比较广泛。产品概念中任何一部分经过创新、变革或者改变后的产品都可以称为新产品。如袋装牛奶改变为盒装牛奶，对袋装牛奶而言盒装牛奶就是新产品。从具体的经营企业来看，企业未曾进入市场的产品同样可视为新产品。常说的新产品可分为：（1）完全新产品。指用新原理、新技术、新材料、新工艺、新方法制造的前所未有的产品。多数企业很难花费大量资金、时间、精力来研究和开发这个层次上的新产品。（2）换代新产品。指在原有产品基础上进行了较大的革新而制造的产品。（3）改进新产品。指在原有产品基础上对其品质、特征、款式、包装等做了一定改变的产品。（4）仿制新产品。指市场上已有的产品，本企业模仿生产的产品，也称企业新产品。

在新产品开发中，生产者、销售者在提供农产品与相关服务过程中要严格按照行业标准，以满足顾客的期望值，提高顾客的忠诚度，树立良好的形象。在产品销售过程中，提供更多的延伸产品，使客户对于产品有更多的了解与认识。培养自己忠诚的老客户，加强对客户的教育，不断推广本产品，在销售产品的同时加强产品文化宣传。不断研发新的产品用途与用法，让农产品能更好地满足顾客的需求，如产品食用方法的改进，制作方法的改进等。对于农产品的潜在产品进行开发，以便在未来取得竞争优势，并且更好的销售农产品，取得更好的收益。

二、新产品的开发程序

四川是我国的西部农业大省、人口大省，农业资源富集，区位优势明显，科技优势、成本优势突出，消费潜力巨大。省委、省政府提出要积极承接产业转移，打造“一枢纽、三中心、四基地”，把四川建成辐射西部、面向全国、融入世界的西部经济发展高地。大力发展现代农业，重点建设优质粮油、果蔬、中药材等农产品基地。支持发展畜牧业，切实增强生猪生产能力。加强农业基础设施建设，农产品加工产业聚集效应明显增强。对于农产品经营者和生产者来说，都是一个难得的发展机遇。

农产品和任何事物一样，都有着出生、成长、成熟以至衰亡的生命周期。因此，企业不能只顾经营现有的产品，而必须防患于未然，采取适当步骤和措施开发新产品。它是企业提高竞争力的重要因素，也是企业市场营销活动的主要任务。新产品开发过程一般包括新产品构想的形成、新产品构想的筛选、概念产品的形成与检验、经营分析、制出样品、市场试销、正式生产投放市场。新产品开发成功以后，还需上市成功，这意味着新产品被消费者采用并不断扩散。

新产品开发是从营销观念出发所采取的行动，因此首先必须是适应社会经济发展需要，试销对路的产品。没有市场的产品，对企业而言再新也没有意义。消费者对奇形异彩农产品需求，使一个产品多种式样，成了新的消费动向，如乌骨鸡、七彩龟、黑小麦等农产品虽分别属鸡、龟、麦类，但因为其颜色特别，药用价值较高，不仅市场销路好，而且经济效益高。因此，新产品要有自己的特色适应和满足消费者需求的新变化。

第三节　农产品营销渠道策略

市场经济社会，大部分产品都要经过一定的流通渠道和销售环节，才能完成产品从生产向消费者的转移。选择渠道要考虑产品的商品性质和消费特点，不同的渠道可以得到不同的流通效果。因此，选择合适的销售渠道是企业营销的重要环节。农产品营销渠道是农产品营销学固有的内容，它伴随农产品营销理论的发展而发展。尤其在我国农产品买方市场的形成和农产品市场的国际化背景下，农产品营销发展迅速，农产品市场已经从供给管理为导向的营销观念转向产品需求管理为导向。由于农产品营销渠道的建立、改造和创新具有时滞性，所以在农产品营销运作中，往往更注重产品、定价和促销等营销策略。但建立适应市场需求的农产品营销渠道，将会保持更持久的竞争优势。

一、农产品营销渠道的概念和演变

"营销渠道"来源于英文，又称分销渠道配销渠道、销售通路和流通渠道。对其有三种不同的定义：1. 重点强调营销渠道的组织结构。1960 年美国 AMA（美国市场营销学会）定义为："公司内部单位以及公司外部代理商和经营销商（批发和零售商）的组织结构，通过这些组织，产品和劳务才得以上市营销。" 2. 着重强调产品从生产者转移到消费者的分销过程。美国学者 ardw. Cundiff 和 Richard R. Still 认为营销渠道是指"当产品从生产者向最后消费者和产业用户转移时直接或间接转移所有权所经过的途径。" 3. 重点强调营销渠道过程中涉及的各类主体。著名营销专家 Philip kotler 认为营销渠道是指"某种货物或劳务从生产者向消费者移动时，取得这种货物或劳务所有权或帮助转移其所有权的所有企业或个人。"

以上三种定义分别从营销渠道成员的组织结构、产品流通路径以及产品在流通过程中成员间的交易关系等三个角度阐述了营销渠道的含义。由于营销渠道不仅仅是产品从生产者向消费者移动的途径，更是表现在渠道各成员间在产品移动过程中所承担的营销职能及为承担这些职能而建立起的各种联系。正是这种职能变化和渠道成员关系的变化促使了营销渠道的不断发展。

根据科特勒（Kotler）的营销思想，农产品营销渠道是为一切促使农产品顺利的被使用或消费的一系列相互依存的组织或个人。它包括供应商、经销商（批发商、零售商等)、代理商（经纪人、销 售代理等)、辅助商（运输公司、独立仓库、银行、广告代理、咨询机构等)。农产品营销最早产生于美国。

农产品营销渠道的演变经历了五个阶段。

第一，农产品运销阶段。19 世纪末 20 世纪初，农产品营销的产生阶段，也是市场营销学产生的阶段。在该阶段，农产品营销渠道主要形式为生产者——消费者的直接销售渠道。由于在该时期美国农产品生产的规模化和机械化程度提高，加上工业发展需要大量劳动力，使大批剩余劳动力涌入城市，客观上造成了城市劳动力的相对过剩，使对农产品的购买能力下降，农产品市场价格相对提高。解决该问题的主要方法是如何选择经济便捷的运输方式，以降低运输成本和销售价格。

第二，以中间商销售为主阶段。20 世纪 20 ~40 年代，由于美国农产品机械化和规模化水平的进一步提高，农产品出现了过剩问题，形成了农产品买方市场。农产品营销已不是如何降低渠道成本和提高营销效率问题，主要问题是如何使过剩的农产品实现市场交换。而以前的农产品运销方式，显然带有生产主导性，生产者缺乏市场驾驭能力，这样出现了对中间商的选择和培养，通过中间商的市场能力优势把农产品推向市场，完成农产品在流通领域中的所有权转移。因此，在该时期许多人把农产品营销等同于农产品推销学。

第三，垂直一体化渠道阶段。20 世纪 50 年代，由于中间商在农产品市场交换中占有主导地位，传统的营销渠道系统中的中间商（渠道成员）处于一种完全竞争、相互排斥状态。农产品在流通过程中所有权转移环节多，各渠道成员为自身利益，往往以追求最大利润为目的，农产品在市场中的交换利润绝大部分被中间商掠取，生产者往往得不到农产品在市场交换中的平均利润，受到中间商的盘剥。为了抵制这种盘剥，农民纷纷组织各种形式的生产者联合体，实行农工贸一体化经营，形成了以生产为中心的垂直一体化渠道系统。主要形成了以农产品加工工业和农商综合体中心的垂直渠道系统的形式，使农产品营销渠道延伸到生产领域。

第四，以顾客为中心的渠道发展阶段。20 世纪 60 ~70 年代，随着经济的发展，消费者的消费越来越个性化，农产品营销渠道活动从消费领域开始，形成了以顾客导向为特征的营销观念。农产品渠道的设计以为顾客便利和服务顾客为中心，使渠道设计从以生产为中心转变为以顾客需求为中心，使农产品营销渠道延伸到消费领域。

第五，渠道整合阶段。20 世纪 80 年代至 20 世纪末，农产品营销渠道从过去传统的营销渠道系统发展到整合的营销系统。渠道成员间的关系由原来各自追求最大利润为目的竞争关系整合为农产品生产、流通、消费等全过程的服务目标统一性，在此基础上建立起了渠道成员间的各种合作关系。在西方农业发达国家，特别是美国，农业联合体逐渐成为农产品营销的主体。农业现代化的发展要求农业中许多部门（如产前、产中、产后的服务机构和加工机构）从农业中分裂出来，形成以农产品生产、流通和消费为中心的综合服务体系。这种综合服务使农产品营销渠道延伸到农产品产前的服务领域和其他辅助的服务领域（如银行、保险、运输、咨询等）。

以上农产品营销渠道发展的五个阶段是伴随农产品营销理论的发展而变化的。同时农产品营销渠道的演变也是农业经济发展的演进轨迹。前三个阶段属于以生产为导向型的农产品营销阶段，其主要目的是如何通过降低成本、提高渠道效率，使生产者的农产品传递到消费者手中。采用以农产品为中心的农产品运销，农产品推销和产销一体化的营销活动方式。这些营销方式实质上是生产——市场的模式。它适应卖方市场下的农产品营销活动。第四、第五个阶段，由于经济和技术的快速发展，农产品生产已不再是营销活动中的主要问题，顾客的需求，尤其是顾客需求的个性化，使农产品营销活动必须以顾客需求为出发点和终点。农产品营销渠道的设计形成了市场——生产的模式。该模式不仅体现买方农产品市场的需要，也满足在卖方市场下生活水平日益提高的顾客差异需求。

二、农产品营销渠道的发展动向

随着农产品市场营销理论的发展，从以农产品生产为中心，到以农产品为中心的营销观念，发展到顾客需求导向和关系营销的观念，农产品营销渠道的发展呈现出新的发展趋势。

（一）农产品流通直接化

在新经济和网络经济背景下，顾客的需求日益个性化，顾客对农产品营销渠道过程渗入程度越来越高，信息技术为异地交易提供了物质基础，便利的交通运输大大提高了农产品物流的速度。顾客可以在市场上根据需要购买自己的农产品。如美国，78.5%的农产品通过“生产地——配送中心——超市、连锁店——消费者”——渠道通路完成其分销过程。只有20%的农产品通过“生产者——批发市场——销售渠道”的传统农产品营销渠道。农民的集贸市场只占1.5%。这种渠道环节少，物流快、成本低、效率高的渠道结构已在全球形成发展趋势。

（二）农产品营销一体化

渠道系统的一体化分为垂直一体化、水平一体化和渠道集成化。

垂直一体化是由生产者和中间商组成的一种合体。以生产为中心的垂直一体化称之为向上垂直一体化。以中间商为中心的垂直一体化称之为向下垂直一体化。如我国的“公司（或协会）+基地+农户”是一种典型以生产者为中心的垂直一体化。

水平一体化是由两个或两个以上渠道成员利用各自优势联合开拓农产品市场机会。如“可口可乐”公司与“雀巢”公司提供的品牌，共同成功开发出国际饮料咖啡。

渠道集成化，也称多渠道化。是指同时运用两个或两个以上的营销渠道通路进入某一细分市场。如农业综合商社等。

（三）农产品营销关系合作化

传统的农产品营销渠道成员间，因目标不同而在运作过程也具有差异性，造成一种不一致的痛苦关系。目标不同而操作过程相同，又易产生一种误解关系。目标相同，过程不同，从而造成一种在管理过程中的错误关系。随着农产品市场营销竞争的激烈，这种矛盾关系必然会影响各成员的共同利益，从20世纪80年代开始，逐渐建立起在交易关系基础上的合作关系，在合作关系基础上的伙伴关系和在伙伴关系基础上的联盟关系。正逐步向着风险共担、利益共享的长期合作伙伴关系方向发展。

三、农产品流通渠道

我国农产品流通业的现代化水平、管理水平和组织化程度低，导致渠道效率较低，与市场经济成熟国家相比，存在着较大的差距。蔬菜等农产品在流通过程中由于缺乏有效的保鲜包装措施，容易腐烂变质使损耗严重，这使得农产品的采购量和实际销售量之间存在较大的缺口，据有关资料显示，蔬菜中毛菜到净菜一般有10%～20%的损耗，这也加大了农产品的成本。物流成本过高导致农产品价格抬高，势必影响农产品向外地市场的扩散。农产品是否能及时销售出去，在相当程度上取决于营销渠道是否畅通。营销渠道的畅通和高效可以有效保证农产品供求关系的基本平衡，保护生产者和消费者的利益，使我国农业生产保持稳定平衡。因此，农产品营销渠道的选择策略，不仅要求保证产品及时到达目标市场，而且要求选择的销售渠道销售效率高，销售费用少，能取得最佳的经济效益。农产品流通渠道有长短、宽窄之分。一般来说，长的渠道类型中间环节较多，短的渠道类型中间环节较少。不同的流通渠道类型中间环节的多少，参与的中间商数以及流通特点各不相同。

分销渠道是营销组合的重要因素，极大地影响着企业营销组合的其他因素。

一是专业市场。这是最常见的农产品销售渠道，通过影响力大、辐射力强的农产品专业批发市场，集中销售农产品，一方面它具有销售集中、吞吐力强的优势，另一方面还具有集中处理信息和快速反应能力。

二是贸易公司。贸易公司作为农产品销售的中间商，有自己的利益要求，农业经营者要重视渠道伙伴关系，充分关注中间商的利益，最大限度地调动他们的积极性，实现双赢共处。

三是大型超市。随着经济的发展，顾客的购买方式发生了变化，越来越多的顾客到大型超市集中购买商品，超市中的农产品专柜吸引了广大的顾客，有利于提高优质农产品的档次。

四是生产者直接销售。农业经营者不经过中间商直接销售农产品。这是最短最直接的渠道，由生产商直接控制产品的营销，从而可以迅速地得到顾客的反馈。

在农产品营销过程中具体选择那种流通渠道，要根据具体情况来判断。一般来说，对于过大、过重，怕挤压、易破碎和鲜活的农产品，应当尽可能地减少中间环节，最大限度地缩短流通时间，减少流通过程中的损失，同时应进一步强化以下工作。

一是农产品批发市场的价值链有待延伸，走垂直一体化道路。一方面有助于寻找到新的利润点，开拓发展空间，快速做大做强。另一方面也可以有效减少渠道环节，通过内部关联交易降低流通成本，稳定并降低市场价格，有助于提高农产品流通效率，对于保护生产者利益和消费者利益也有着积极意义。

二是改造升级原有的渠道组织，提高流通效率。主要是要对当前农产品流通的主要载体——批发市场和农贸市场进行改造。批发市场在交易方式、管理模式、服务功能等方面要进行完善和发展，提高流通效率，扩大流通半径，使之满足地区间农产品大规模流通的需要。农贸市场则要继续推进超市化改造，改变过去农贸市场脏、乱、差和食品安全无保障的状况。

三是加强对渠道体系的梳理和调整，提高渠道绩效。政府相关部门采取各种措施对包括农产品生产、流通、销售、加工、消费等各个环节在内的整体渠道链条进行梳理再造，消除农产品流通不畅的瓶颈制约，使得各个环节都能够畅顺高效运转，提高其整体运营效率。

四是发展国际化营销渠道，把国内的产品销售出去，解决国内农产品“卖难”现象，同时采取网上销售、远程运输、窗口直销等现代营销手段，激活流通，拓展市场。

第四节 农产品加工策略

农产品加工是指以农业生产中植物性产品和动物性产品为原料，通过一定的工程技术处理，使其改变外观形态或内在属性的物理及化学过程；同时也是通过一定的管理技术处理，使其由初级产品转变为制成品，连接农业生产与居民消费的经营过程。目前，农产品中直接能够进入生活消费及工业生产的种类并不多，因此，农产品加工是不可或缺的产业。农产品加工作为农业产业的延伸和农产品价值增值的必要过程，是每一个经济体不可缺少的环节。农产品通过加工增值的例子比比皆是，农民投资办加工企业不仅获得了农产品的增值部分，同时也获得了加工的收入。20 世纪 80 年代，江苏省兴化市不少乡镇的大葱卖不掉，烂在田里，倒进河里，造成河水污染。近几年，本地农民先后投资办起了十多家大葱加工厂，加工脱水葱、方便面调料出口到韩国和我国台湾等地，全市大葱面积由近万亩猛增到 40 多万亩，每年增收几千万元。可见，农产品的加工也在促进农产品市场的发展。四川省双流县合江镇、东山镇等地大力发展养兔业，当地农户积极发展兔业食品加工、办兔席、兔宴，声名远播，消费者赞不绝口，成都和外地顾客还专程前往消费或购买兔肉加工食品。据调查，发展兔业养殖和兔业加工的农民一般户均年收都在

3~5万元，也有个别的农户年均收入达10万元，农村生产生活设施和环境面貌都发生了巨大变化。一项产业的发展，带动了一方百姓致富，有力地推进了社会主义新农村的建设。全国最大的柠檬基地四川省安岳县着力打造柠檬深加工工业园区，已开发出30多种柠檬产品，每年产值达3亿多元，还将进一步延长柠檬加工产业链，提升产品附加值，建设全国有名的柠檬之都。

第五节 农产品包装策略

大多数的农业经营者不重视农产品的包装工作。其实，包装对于农产品销售更为重要。一方面，包装增加农产品的美观度，提高产品档次，另一方面，包装可以保质保鲜，延长农产品的储存时间，有利于农产品的销售。因此，企业要充分重视农产品的包装工作，设计符合农产品特色和风味的包装，增加农产品的价值，提高农产品的价格。

一、产品包装标准化

小小包装赚大钱。通过包装增值，提高农产品的品味，增强市场竞争力。同样的产品，通过简单包装就能明显起到增值的效果。农产品的包装一直以来在生产者、销售者的观念中存有偏见，农产品普遍轻视包装，农产品应充分认识到这个问题，包装的作用不仅仅可以保护产品，而且可以增加美观与盈利，促进销售便于储运。

目前大部分农产品不配备包装，或是包装过于简陋，而产品通过包装可以充分区分于其他农产品的外观，更利于顾客的认知，很好地体现出本产品的独特个性，包装的宣传作用不可小觑。农产品营销过程中应突出产品的个性与特性，而包装就是一个很好的载体。在开发新产品的同时，经营者一定要高度重视包装，实现包装标准化，为农产品的增值创造条件。例如：四川目前的散装茶叶一般就几十元 1 千克，包装好的盒装茶叶一般都要 200 元以上，品牌茶叶价格就更高了。又如：江西省广丰蜜橘，零散的只能卖到 4 元 1 千克，而包装好的一箱只有 5 千克，要卖到 100 元。每千克足足贵出了 16 元，而包装箱的成本还不到五元。

二、农产品常用包装策略

现代商品经济社会，包装对商品流通起着极其重要的作用，包装质量直接影响到商品能否以完美的状态传输到消费者手中，包装的设计和装潢水平直接影响到企业形象乃至商品本身的市场竞争。随着人民生活水平的提高，原有消费习惯和生活方式的不断改变。为适应这种变化，包装设计的一项重要任务就是更好地符合消费者的生理与心理需要，通过更人性化的包装设计让人们生活更舒适、更富有色彩。因此，在农产品的包装上，要制定好包装策略，因为选择不同的包装策略将得到不同的包装效果。

（一）突出食品形象的包装策略

突出食品形象，是指在食品包装上通过多种表现方式突出该食品是什么、有什么功能、内部成分和结构如何等形象要素的表现方式。这一策略着重于展示食品的直观形象。随着购买过程中自主选择空间的不断增大，新产品不断涌现，厂商很难将所有产品的全部信息都详细地向消费者介绍，通过在包装上再现产品品质、功用、色彩、美感等策略，有助于商品充分地传达自身信息，给选购者直观印象，真实可信，以产品本身的魅力吸引消费者，缩短选择的过程。

（二）突出食品用途和使用方法的包装策略

突出食品用途和用法的策略是通过包装的文字、图形及其组合告诉消费者，该食品是什么样的产品，有什么特别之处，在哪种场合使用，如何使用最佳，使用后的效果是什么。这种包装策略给人们简明易懂的启示，让人一看就懂，一用就会，并有知识性和趣味性，比较受消费者的欢迎。

（三）展示企业整体形象的包装策略

企业形象对产品营销具有四两拨千斤的作用，因此，很多企业从产品经营之初就注重企业形象的展示与美誉度的积淀。这种包装策略企业文化积淀比较深厚，有的企业挖掘企业文化较好，并且能与开发的食品有机的融合在一起来宣传，达到了即展示企业文化又介绍了产品的目的，给消费者留下了深刻印象，有利于促销。

（四）突出食品特殊要素的包装策略

任何一种商品化的食品都有一定的特殊背景，如历史、地理背景，人文习俗背景，神话传说或自然景观背景等，包装设计中恰如其分地运用这些特殊要素，能有效地区别同类产品，同时使消费者将产品与背景进行有效链接，迅速建立概念。这种包装策略运作得好，给人以联想的感觉，有利于增强人们购买的欲望，扩大销路。

第六节　农产品绿色策略

农产品绿色营销策略是随着严重的环境问题而产生的。所谓绿色营销是指以促进可持续发展为目标，为实现经济利益、消费者需求和环境利益的统一，市场主体通过制造和发现市场机遇，采取相应的市场营销方式以满足市场需求的一种管理过程。广义的绿色营销是指企业营销活动中体现的社会价值、伦理道德、充分考虑社会效益，既自觉维护自然生态平衡，更自觉抵制各种有害营销。狭义的绿色营销是指企业在营销活动中牟取消费者利益、企业利益与环境利益的协调，既能充分满足消费者的需求，实现企业利润的创意、设计和生产以及定价与促销的策划和实施，又要以保护生态环境为前提，力求减少和避免环境污染，保护和节约自然资源，维护人类社会长远利益，实现经济与市场的可持续发展。目前，日益重视食品安全，环保意识迅速增强，回归大自然、消费无公害的绿色食品已成为人类的共同向往。绿色农产品有利于增强人民体质，改善生存环境。当今世界，人们对绿色农产品越来越青睐。21 世纪之初，我国已全面启动“开辟绿色通道，培育绿色市场，倡导绿色消费”的“三绿工程”。我们要牢牢抓住这一机遇，奏响绿色主旋律，大力发展无公害蔬菜、畜禽和蛋品。我们要把握机遇，发展农产品的绿色营销。

绿色营销与传统营销相比，具有以下特征：

一是营销观念的升华。绿色营销是以人类可持续发展为导向的营销观念，它更加注重社会效益、注重社会责任感和社会道德；它将消费者的利益、企业利益、社会利益和环境利益四者结合起来考虑。

二是营销的目的差异。传统营销以取得利润为最终目标，关心的是企业、顾客、竞争者。绿色营销的目标是使经济发展同生态发展、社会发展、人的全面发展相协调，促进可持续发展战略目标的实现。

三是营销的手段不同。传统营销借助产品、价格、渠道、促销的有机组合，满足市场需求，来实现企业的营销目的。

绿色营销则强调营销组合中的绿色因素，注重绿色消费观念的培养，进行绿色消费需求调研、预测和引导，注重在生产、消费及废弃物回收过程中降低公害，注重绿色产品的开发和营销，并在定价、分销、促销、服务等各方面都要考虑以保护生态环境为主要内容的绿色因素。

第五章
农产品营销定价

在农产品营销工作中，定价是一项重要、困难、充满风险又必须做的工作。定价受三方面的影响：一是补偿生产和经营产品所消耗的费用。二是考虑消费者所能接受的程度。三是生产和经营者合适的经济回报。

第一节　影响农产品定价的因素

影响农产品定价的因素是多方面的，主要受产品成本、供求关系、顾客心理、社会竞争、政府干预等因素的影响；其次农产品市场建设、产品质量、龙头企业加工转化、营销队伍、流通领域、包装及品牌、网络信息及产品推荐、合作经济组织、优势农产品规模化生产、生产者商品意识等都对农产品定价有一定的影响。

一、产品成本

农产品成本是农产品价格的最低界限。任何企业都不能随心所欲的确定价格。某种产品的最高价格取决于这种产品的市场需求，最低价格取决于这种产品的成本费用。任何产品的销售价格都要必须高于成本费用，只有这样，才能以销售收入来抵偿生产成本和经营费用，否则就无法继续经营。因此，企业确定价格时必须估算成本。产品的价格由固定成本、变动成本、总成本、单位成本、边际成本和机会成本等构成。

固定成本指不随产量或销量的变化而发生明显变化的成本，通常称为一般管理费用。具体包括机器、厂房、折旧、取暖、照明、保险费用和管理人员薪金等。变动成本指随产量或销量的变化而发生直接变化的成本支出。具体包括原材料、外购半成品、工人工资以及材料和销售费用等。总变动成本随产量变化而变化，而单位变动成本在短期内则是稳定的。总成本或全部成本是固定成本和变动成本的总和，经营者制定的价格应至少要大于总成本。单位成本也称平均成本，它等于单位固定成本加单位变动。在一定范围内，随着产量的增加单位成本有下降趋势，虽然单位变动成本是稳定的，但单位固定成本会随产量增加而下降。反之，如果产量增加超过最佳生产量时，单位成本可能还要上升。边际成本指增加一个单位产量后所增加的那部分成本，如日产一件产品增至两件，总成本由原来的360元增加到400元，边际成本就是40元。机会成本指将某种资源用于生产某种产品以后，放弃的该资源用于其他生产所可能取得的最大收益。也就是说，某一项资源，用于一种产品的生产，就要放弃另一种产品的生产，这个代价就是机会成本。

农产品的销售价格如果按照成本定价，农民所得收入仅能补偿农产品生产的成本消耗，并不能获得农业经营利润。因此，正常情况下，农产品价格要高于成本，即农产品价格不仅要能够补偿农业生产者的成本消耗，还要有利润。

二、供求关系

按照经济学家的观点，商品价格是市场供给等于市场需求之时的价格。买卖双方决定市场价格的高低。农产品市场供求与价格的关系，是当市场上供大于求时，农产品价格就趋于下降；当市场上出现了供不应求时，农产品的价格就要上涨。例如：蔬菜刚上市时价格较高，随着上市量的增加，价格逐渐回落，直到供需平衡。一般地讲，价格与供给量的关系是价格越高，对经营者的吸引力越大，生产的积极性越高，产品的供给量越大；反之，价格越低，经营者就不愿意增加投入产出，产品的供给量就越小。价格与需求量的关系，是价格越低，消费者购买欲望越高，需求量越大；价格越高，消费者购买量越小，需求量越少。

三、顾客心理

消费者的购买心理是随着收入的多少、时间、环境、年龄、喜好、时尚潮流、身体状况等多种因素的影响而变化的。有自尊心理的消费者希望得到精神上的满足，愿意花高价购买心爱的高档产品。关注质量安全的消费者，愿意出较高的价格购买放心的商品。有追求实惠心理的消费者希望少花钱购买经济实用的物品，比较计较价格的高低。追求品牌心理的消费者十分相信商品的牌子，如果是名牌，即使价格高一些也会购买，对于不熟悉的新产品，即使价格便宜也不一定要购买。有的消费者比较珍惜时间，图方便、省事，不太计较价格，特别是男同胞，不喜欢逛商场，需要什么就购买什么，买起就走，一般不太讲价。还有的消费者喜欢对比价格，以决定购买何种产品，比较挑剔。有的消费者喜欢选购打折商品，对物有所值，价格适中的产品，愿意换季购买。因此，在定价时要考虑产品之间的比价。

四、社会竞争

企业必须采取适当方式，了解竞争者所提供的产品成本质量和价格。企业获得这方面信息后，就可以与竞争者比质比价，更加准确地制定本企业的产品价格。产品激烈竞争程度不同，对定价的影响也不同。常说的竞争类型有以下四种。

一是完全竞争。完全竞争是指市场上有许多经营者生产和销售同一种产品，竞争激烈。每个经营者占市场的份额比例很少，其行为对市场价格的形成不会产生影响，谁也别想卖高价。

二是不完全竞争。不完全竞争指市场上有许多经营者生产和销售各种不同的产品，由于各个经营者生产的产品都有一定特色，竞争程度一般，不是很激烈。因此，可以在市场上利用产品的特色作为卖点，卖出比较高的价格。

三是寡头竞争。寡头竞争是竞争和垄断的混合物，也是一种不完全竞争。通常指少数经营者共同占有大部分产品的销售量，某个经营者的行为会对另外的经营者产生影响，竞争比较激烈。但有时经营者会联合起来形成垄断价格。

四是垄断竞争。垄断竞争是一种介于完全竞争和纯粹垄断之间的市场形势，既有垄断倾向，同时又有竞争成分，因而垄断竞争是一种不完全竞争。通常指市场上只有一家经营者生产或经营某种产品，不存在竞争。经营者拥有绝对定价权，可以制定高价谋利。但这种行为会损害消费者利益，违反国家法律。

五是政府干预。政府干预就是政府采取行政行为对市场进行的调控干预。农业是国民经济的基础，与其他产业相比，农业相对薄弱，为保障国家粮食安全，政府常常对农产品市场价格进行干预。

第二节 农产品定价的四导向原则

定价导向就是指以某种事物为基本前提来考虑制定产品价格。通常情况存在着四种定价，既成本导向定价、需求导向定价、竞争导向定价和政府导向定价。

一、成本导向定价

成本导向定价是以产品成本为定价的基础，在成本的基础上加企业的目标利润所确定下来的产品价格。它属于按卖方意图定价的方法。

（一）成本加成定价法

这是最常见的方法，既按成本加一定比率的毛利定价，也称毛利率定价法。可用以下公式概括。

单位产品单价＝单位产品成本（1＋毛利率）。

这种方法简便易行，比较普遍使用。但是，它忽略了市场需求弹性变化，显得比较呆板。

（二）目标利润率定价法

该方法就是要先估计未来阶段可能达到的销售量，并估计总成本，然后确定预期达到的利润率，然后制定出单位产品价格。可用以下公式表示。

单位产品价格＝总成本估算值×（1＋目标利润率）÷未来销售量

这种方法的问题是未来销售量和预期利润率的估算不一定准确，如果差距较大，就达不到预期计划利润。

二、需求导向定价

需求导向定价即根据消费者或用户对产品利益的认识和需求程度来定价。常见的有理解定价法和区别定价法。

（一）理解定价法

就是根据消费者理解的某种商品的价值来定价，以消费者愿意接受的价格为零售价，然后再推算出批发价、出厂价和生产成本等，也称为反向定价法。采用该定价法，必须准确判断消费者对产品价值的理解，如果估计过高，定价必然偏高，将影响销售；如果估计过低，定价必然偏低，又会影响企业收益。

（二）区别定价法

就是对同一产品根据不同的需求制定不同的价格。包括根据顾客需求差别定价、产品式样差别定价、地理差别定价、时间差别定价和特殊需求定价等。总之，区别定价要有足够的理由，不致引起消费者的反感，不能增加企业过大的开支。

三、竞争导向定价

竞争导向定价是定价时以竞争者的价格为主要依据，根据本企业产品的竞争能力，选择制定有利于市场竞争的价格。常见的有：

（一）随行就市定价法

就是经营者把自己的产品的价格保持在同行业平均价格水平上的定价方法。在同质性市场产品差别不大时，为避免竞争，采用此方法比较保险。

（二）招标投标定价法

这种方法在政府采购和建筑承包工程中普遍采用。一般由采购人或发包方发表招标公告，卖主和承包方根据招标公告内容，对招标项目提出报价。这种投标价格是密封的，由招标者从价格中择优选定。

四、政府导向定价

即农产品在自然灾害或战争因素以及非人力因素造成的困难面前，出现农产品严重不足，供不应求等特殊情况下，政府为了平抑物价，进行干预指导下的一种定价方法，也叫特殊定价。一般情况，农产品生产经营者对所出售的农产品价格拥有决策权。农产品定价由经营者依据农产品质量、市场供求来进行定价。农产品是特殊食品，关系到国计民生和国家安全，尤其粮食是重中之重。农业是国民经济的基础，牵一发而动全身，在自然灾害、疾病、战争、非人力因素造成农产品减产，供需矛盾突出时，国家采取宏观调控措施，对农产品进行最低保护价收购，对农产品进出口进行限制，对销售的农产品也进行指导价格，农产品生产经营者对所出售的农产品价格没有决策权。如我国曾长期实行过的国家粮棉油统购统销价；2007 年底至今，实行的最低粮油保护价收购，粮油限价销售和商品市场的粮油销售价格申报制度等等，都是政府导向定价的行为。

第三节　农产品定价策略

定价策略是市场营销组合中最活跃的因素，企业定价既要考虑消费者的承受能力，以利于促进销售，又要考虑企业的成本补偿，以保证获取利润。农产品价格普遍偏低，同类产品的价格差别不大，再加上农产品自身的特殊性，农产品的定价策略要充分考虑各种因素，遵循优质优价的原则，以优质农产品、特色农产品实行高价，树立价格差异，通过高价策略获得竞争优势。总之，农产品定价策略是多种多样的，经营者要根据自己产品的特点和市场情况进行抉择。

一、低价策略

低价策略又称渗透定价策略。农产品市场广大，需求量大，市场上产品同质化，消费者对价格敏感，需求富有弹性。并且消费者的购买行为相当理智，希望支付较低的价格来获得较高的满足。经营者往往采取低价来吸引消费者，主要采用渗透定价，以量取胜，加大量的销售，以获得更高的产品占有率，从而赢利。所谓低价策略，是相当于竞争斫而言的，并非低质价格。该种策略的优势在于低价低利能够有效地阻止竞争者加入，产品销售快，资金周转快，产品能较长时间地占有市场。

二、高价策略

高价策略又称取脂定价策略。取脂的意思是指从牛奶表面逐层吸取奶脂。高价策略是当新产品进入市场后经营者有意识地把产品价格定得大大高于成本，使其能在短期内把开发新产品的投资和预定的利润迅速收回。这一策略的实施往往配合以强大的宣传攻势，将产品推向市场，使消费者尽快地认识新产品，在短期内形成强烈的需求欲望和购买动机。当然，采取高价策略要有支持高价的产品特性。比如：高价产品应该能突出显示消费者的地位和财富，意味着产品的高品质、高档次。取脂定价有利于经营者掘取更多的利润，并建立品牌形象，树立良好的产品形象，提高产品知名度。例如：四川省雅安市名山县的蒙顶山茶叶盒装精品“黄芽”、“甘露”、“石花”、“毛锋”、“万春银叶”等一般营销价格在1500～2600元1千克；四川省峨眉山×××茶业有限公司的盒装极品茶叶营销价2698元1千克；四川峨眉山竹叶青茶叶营销价1800～3000元1千克。又如：龙井茶，杭州市的西湖龙井茶专卖店里“狮峰”西湖龙井新茶4600元1千克，而一般普通的西湖龙井也就几十元至百元500克。大红袍茶叶定价就是上万元500克。但高档的新茶仍然在卖，这充分体现出蒙顶茶、竹叶青、龙井茶、大红袍的高档品牌地位。农产品的品牌越来越受人关注定价这一点是不可忽视的。

三、折扣策略

企业为了及早付清货款鼓励消费者大量购买、淡季购买而降低其基本价格，这种价格调整称作价格折扣的折让。农产品折扣定价策略包括现金折扣、数量折扣和交易折扣。

一是现金折扣。既消费者在赊销购物时，如果买方以现金付款或者提前付款，可以得到原定价格一定折扣的优惠。二是数量（金额）折扣。既卖主为了鼓励消费者多购买，达到一定数量（或现金）时给予某种程度的折扣。三是交易折扣。根据种类中间商在市场营销中的功能不同给予不同的折扣。交易折扣的多少，视行业、产品的不同，以及中间商所承担的责任大小而确定。一般来说，批发商获得的折扣较小，零售商获得的折扣较大。

四、尾数定价策略

尾数定价策略就是把产品的价格不定在整数上，让消费者感觉产品实在，产生购买欲望。经营者根据消费者求实惠的心理，对零售商品可采取尾数定价策略。这种策略可以使消费者产生农产品定价准确的印象，从而产生购买动机。比如：标价 6. 98 元，比标价 7. 00 元更能吸引顾客，让人感觉好像一个价格档次，8 还与“发财”中的“发”谐音；又如：有的产品就利用定价 5. 18 元等谐音，以“我要发”来吸引顾客。

四、整数定价策略

整数定价策略就是把产品的价格定在整数上，让消费者感觉产品高档、完整，产生购买需求。这种定价策略就是根据消费者自尊心的需要，对一些高级商品采取整数定价，因为这种定价能满足顾客的虚荣心，一些关注高档产品的女士和靓哥帅妹们，愿意花高价购买心爱的高档名牌产品。

五、分档定价策略

分档定价策略就是根据不同顾客、不同时间和不同场所，把一种商品分为几个档次，每一个档次一个价格。分档定价可以使消费者感到商品档次高低的明显差别，适合不同的人群结构，为消费者选购提供了方便，有利于扩大销售。

第六章 农产品促销

促销或促进销售，是企业通过人员推销和非人员推销的方式，与潜在顾客进行信息沟通，引发并刺激顾客的购买欲望，使其产生购买行为的活动或过程。促销实际上是营销者与消费者之间的信息沟通。促销活动体现了企业主动开拓市场的主动进取精神，是企业整体营销活动的重要组成部分，对树立企业形象和产品形象，增加产品销售额，强化竞争地位，具有十分重要的意义。保销方式要分为人员促销或非人员促销，非人员促销又包括广告宣传、公众关系、营业推广等。一般来说，人员促销针对性强，但影响面较窄；而非人员促销影响面宽，针对性则较差。

第一节 农产品促销策略

农产品促销策略就是指农业生产经营者运用各种方式方法，传递产品信息，帮助与说服顾客购买本企业的产品，或使顾客对企业产生好感和信任，以激发消费者的购买欲望，促进消费者的消费行为，从而有利于扩大农产品销售的活动。农产品的促销策略根据产品性质、产品的生命周期、产品的市场范围等不同而不同。常见的有人员促销策略、广告促销策略、公共促销策略和展览促销策略等。

一、人员促销策略

人员促销策略是指企业通过派出销售人员与消费者直接对话和沟通，传递产品或服务的信息，促进和扩大销售的策略。人员促销采取主动出击的方法，把产品推向市场，能为消费者提供详细的说明，有利于树立企业形象，建立良好的信誉，对潜在的购买者进行面对面的说服工作。面对面的交往有利于发展与消费者的长期关系，通过探讨购买问题来促成交易的实现。人员推销的缺点是推销人员的劳动成本较高。

二、广告促销策略

广告促销策略就是通过电视、广播、杂志和报纸等各种宣传媒介，将产品或服务信息传递给消费者的一种推销方式。广告是一种收费公告，通过特定的媒体传播商品或劳务的信息，促进销售产品的服务为目的，因而它是一种大众传播手段。广告的对象是广大消费者，是大众传播，广而告知，其目的是促进销售，取得利润。做广告要支付使用广告媒介的费用。广告促销可以采取拉引、借说、典范专题等办法，树立“经商信为本，诚招天下客”的良好形象；广告促销还可分别采用平面广告、网络广告促销。使用广告促销有一些明显的优势，因为面对的接收者多，宣传范围广，影响大，平均成本费用要比人员推销低，而且还可反复使用。广告促销的主要缺点是单向的信息，不能直接回答顾客提出的问题。

三、公共促销策略

公共促销策略又称公共关系策略，是企业为了实现自己的目标，在进行市场营销活动中，经常主动与社会公众保持双向的信息交流，采取一系列社会活动，扩大产品的知名度、建立消费者对品牌偏好的目的。比如：在宣传媒体上刊登介绍性的文章或召开新闻发布会等形式，争取社会公众的理解和社会舆论的支持，以树立企业的良好形象，从而最终达到促进产品销售的目的。公共关系促销策略往往还需要商业技能与政治手段的结合，下面的例子足以说明。

美味公司是美国一家制造牛奶消毒设备的企业。该公司打算将其产品引进日本市场，但遇到了许多问题。消毒牛奶是最近的一项发明，与鲜牛奶相比，它有两大优点：一是在室内温度下可储存 3 个月；二是打开包装后，它可比冷藏的一般牛奶多保存一倍的时间。美味公司推出优质的牛奶消毒设备，用这种设备消毒后的牛奶没有一般消毒牛奶的副作用——煮过的牛奶往往有烧焦的味道，而且喝下后口腔内不会保留一层奶渍等副作用。为了给这种设备寻找新市场，该公司把日本视为一个很好的销售目标。日本人口众多，牛奶的人均消费虽低但正在增长，而且鲜牛奶的来源不多。当美味公司开始向日本大牛奶场出售这种设备时，遇到了下述障碍：一是公司必须开展一场广告宣传运动，改变日本人的牛奶消费习惯，使日本消费者相信购买和喝消毒牛奶是有好处的；二是日本消费者联盟反对这种产品，因为他们所关心的是消毒牛奶的安全问题；三是靠近大城市的牛奶场主反对消毒牛奶的分销。他们害怕来自远方牛奶场的竞争，因为消毒牛奶有较长的储存寿命，并经得起长途运输；四是几家大零售商表示不愿意经营消毒牛奶，因为利益集团已施加了压力。那些靠国内送货而兴旺起来的牛奶专业商店也反对消毒牛奶的引进；五是日本厚生省和农林省表示，他们将首先等待并观察消费者是否能够接受消毒牛奶，然后再决定赞成还是反对消毒牛奶的广泛销售。因此美味公司必须针对每一种障碍分别制订出对策。公司必须要求卫生部的合作，争取得到一部分奶场、批发商和零售商的支持，还要对日本消费者进行消费指导。公司所面临的是难以解决的大市场营销问题，解决这种问题不仅需要一般的商业技能，而且需要机敏的政治手段和公共关系技巧。公司必须先断定日本市场是足够大的。否则就没有必要花费如此大的代价和时间来试图进入这个市场。

公共关系策略的开展有助于提升企业形象，帮助企业化解危机，密切企业与社会的联系。公共促销策略的主要内容包括支持各项公益活动，主动与有关部门沟通，举办新闻发布会，印发文字、画册等宣传品，处理消费者意见，组织消费者、社会公众参观产品生产、开发，向他们介绍生产环境、产品对社会的贡献等。同时还可利用公关手段和文化搭台、经济唱戏，感情联络，名人促销，好奇促销，赞助促销，体育促销，教育促销等各式各样的促销活动结合起来，共同发挥作用，以扩大影响，增加销售额。

四、展览促销策略

展览促销策略就是利用各种展览会进行产品展览宣传，以达到扩大影响，提升农产品形象，增加销售的目的。各种农产品展销会多数是由行业组织在政府支持下举办的，适合农业生产者和企业宣传、促销自己的农产品。展销活动期间有很多公共媒体参与采访报道，声势浩大，参加者踊跃，是促成大批量订货的好机会。比如：由中国农业部牵头、七部委参加组织的“中国国际农产品交易会”，每年来自全国各地和世界各地的客商以及农产品生产者都踊跃参加，名牌产品云集，琳琅满目，每次农交会的签单都在几十亿元以上。四川省每年农交会农产品销售签单在几千万元以上，2007 年参展企业更多，总成交合同金额 8000 万元，现场销售金额 200 万元，签订意向性合同金额 1.3 亿元；来自“柠檬之乡”的安岳县盛红柠檬协会参加“专合组织”展区，获得展馆设计金奖，参加“一村一品”展出的成都市三圣乡红砂村获得展馆设计银奖，与兄弟省、市比，四川农产品的销售差距还很大，营销观念还有待进一步转变和加强。

第二节　农产品促销方式

现代市场营销不仅需要企业发展适销对路的产品，确定吸引人的价格，还要传播农产品有关的信息，促进消费者的购买欲望。农产品有其特殊性，在促销时需要根据农业生产的实际情况和农产品的消费特点，选择适合农产品的促销手段和方法。一般常见的农产品促销方式有人员推销、广告促销、展销会促销三种。在进行农产品营销的时候要把促销策略灵活运用，与顾客建立长期关系，培养一批忠诚的顾客群。

一、农产品人员推销

农产品人员推销包括集体组织的产地人员推销和农业企业、协会专职营销员的推销活动。人员推销它是由卖方派出推销人员或委托推销人员到外地去向现有客户或潜在客户介绍产品、洽谈市场，达到直接销售的目的。人员推销具有选择性和灵活性、能传递复杂信息、能面对面洽谈和能及时获得市场及消费者信息等特点，是除广告之外的最重要的促销措施。在农产品促销过程中，要多管齐下，确保各类农产品产得出、销得下，最大限度地保护农民的利益。

产地人员推销主要是当地政府有关部门组织的农产品推销活动。在一些农产品集中进行商品化生产的产地，如蔬菜产地、瓜果产地、肉牛产地等，由于生产量大和销售季节集中，一到收获季节，产地就会出现局部的供大于求的状况，价格就会下降，出现卖难的问题。需要政府和有关节部门帮助农民解决旺季农产品卖难的问题。如派人到大、中城市的农产品批发市场，与经销商签订供货合同等。各级政府为了帮助农民解决季节性农产品卖难的问题，纷纷举办农产品庆典节日，以扩大影响，增加销售。如成都市双流县每年举办的黄甲“麻羊节”、合江“草莓节”、大林“枇杷节”，以及雅安市名山县举办的蒙顶“茶文化节”，成都市蒲江县举办的“樱桃花节”，宜宾市举办的清明“竹笋节”，广元苍溪“雪梨节”等都是以促销为目的，扩大农产品声誉，增加销售的农产品庆典节日。

农业企业销售专职营销人员与产地人员推销不同。一是要联系经销商，通过建立自己的经销商网络，形成稳定的销售渠道。二是向人流量大的商场和超市等派出促销信息员，专门向消费者介绍自己的产品，吸引消费者了解和选购自己的产品。

农产品人员推销具有以下特点：一是农产品信息传递的双向性；二是农产品推销目的的双重性；三是满足消费者需求的多样性；四是推销活动的配合性；五是推销过程的灵活性。

二、广告促销

广告是由推销方通过支付一定的费用，购买传播媒介，借以向目标市场购买者及广大社会传达商品信息，以激起消费者注意和购买欲望的宣传活动。在当今市场营销过程中，广告具有举足轻重的促销作用。过去，由于农业生产利润低，很少有农民给自己的产品做广告。现在市场竞争日趋激烈，越来越多的农业经营者开始注意到了广告的作用，也开始利用广告手段来促销自己的产品。农产品广告最多的是供求广告，主要以调节余缺为目的，卖方寻找客户，买方寻找货源。供求广告的内容包括商品名称、数量、价格、交货地点和联系方式等。由于供求广告的内容简短，广告费用低，在各地被广泛采用，客户很容易根据广告提供的信息与买方达成交易。供求类广告属于信息广告告知，要求广告信息在一定时间内可以保存，客户可查询，其目标受众是生产者、加工者、经销商或购物团等。因此，可多选择与农产品相关的行业类报纸、杂志等作为广告媒体。四川峨眉山竹叶青茶业有限公司的精品“论道”牌“竹叶青”茶叶 2004～2006 年由于扩大了宣传，营业额不断上升，茶叶销售额达 2 亿多元。

在电视台做产品广告是一种最好的宣传办法，直观、受众多，影响大，效果比较好，但广告宣传费用高，一般的农产品宣传不采用此办法。当然也有个别短期的宣传广告。

网络广告目前已成为一种新时尚，广大农业经营者比较普遍的采用。网络广告具有成本低、易检索查询、可在网上直接洽谈协商等优点，对农产品经营者来说，是一个实用性强、效果好、很有发展前景的广告媒介。四川省苍溪县的“猕猴桃”彭山县的“天星椒”在网上销售，效果很好。

三、展销会促销

展销会促销就是利用各种展览会、展示会进行产品展览展示宣传，它以直观形象的实物产品展示在消费者或采购团的面前，给消费者以选择的实际感，是一种常见的促销形式。它以其“短、平、快”和集中影响的宣传促销效果吸引众多的厂家、商家和广大消费者。现在国内著名的博览会吸引了越来越多的采购商和消费者。全国有名的广交会、农博会以及各省、市、区举办的农产品交易会都吸引了不少消费者和商家。四川省每年在成都举办的“西部博览会”，每隔 3 年一次的“四川·西部农业博览会”都吸引了大批国内外客商，农博会上一般都要举办农产品推荐会、农产品贸易订货会、农产品加工论坛会、农产品投资贸易洽谈会、农产品科学发展论坛会、食品安全与名牌论坛会、农业和农村经济发展论坛会等专题会议，还要开展名牌产品评定，通过这些活动有力地提高了四川农产品的声誉和知名度，扩大了销售，提升了四川农产品的品牌，促进了四川农业和农村经济的发展。

第三节　农产品的其他促销方式

随着现代市场营销事业的发展和科技的进步，农产品促销和营销的关系更加密切，营销中包含有促销的手段和活动内容，促销的同时也可能就在开展销售或推进营销，所以，促销方式也呈现多样化的发展。

一、新出现的促销方式

新出现的促销方式有网络促销、定制促销和培植促销等。

（一）网络促销

既要建立有形市场网络，实行营销多元化，如生鲜超市、批发市场、配送中心等，又要建立无形市场网络，积极推行网上促销，实施电子商务。

（二）定制促销

（1）订单销售　发展以买方市场为主的订单农业，订单生产，订单采购。

（2）配送销售　发展以商家需求为主的配送营销，建设现代物流配送中心。

（3）加工培植促销　实行农产品初加工：净菜、配送；保鲜、储藏；深加工增值等营销手段。

二、促销中要重视网络信息的作用

在市场经济条件下的农产品生产必须面向市场，农产品营销管理直接关系着农业发展的规模和方向。新时期、新阶段的农业生产和农产品生产面临知识经济时代的挑战，农产品营销管理必须有效地运用现代信息技术和手段，才能在瞬息万变的市场中敏锐地捕捉到消费者的需求信息，以恰当的方式为消费者提供合适的农产品，在满足农产品消费者需求的同时实现自身的发展，所以，在农产品经营和促销中都要高度重视网络信息技术的作用。

一是在信息技术快速发展的条件下，贸易全球化将会大大扩展消费者的选择空间，这就更加要求营销者运用现代信息技术将自己的产品信息传送给消费者。否则，连产品信息都未进入消费者视野，就根本谈不上现代营销。二是市场空间的不断增大，又会反过来加速农产品生产与经营的全球化。农产品贸易的全球化，使农民不再只为一个地区或一群人生产，而是面向全球市场，根据国际市场的需求，确定相应的生产计划。这样有利于促进各地调整农产品结构，发展优势产品，降低相对劣势的农产品产量，达到资源的优化配置、优化组合。我国地域广阔，粮食生产有各具特色的优势。如果对市场的需求信息把握准确，就可以生产各种不同用途的农产品，从而占有广阔的农产品市场。目前我国的畜产品出口占农产品出口总量的40%，具有明显的优势，种粮食的农民可以部分地转入畜产品的生产。如果国家大力支持中小规模的专业户生产，建立大规模的畜产品生产基地，就可以有效地增加就业机会。三是农产品营销对市场信息的依赖性将进一步加大。由于农产品生产的商品化程度不断提高，而消费者的需求差异又日益呈现出个性化特征，这对农产品营销者提出了更新的要求，必须建立国际国内农产品市场信息系统，有专门人才分析农产品价格走势，分析气候对农业的影响，为农产品生产者提供技术及信息服务，促进农产品的销售，确保农产品市场的有序运转。

第七章 农产品分销渠道

在商品经济社会里，大部分产品都要经过一定的流通渠道和销售环节，才能完成产品从生产者向消费者的转移。选择市场营销渠道和分销渠道都要考虑产品的商品性质和消费特点，不同的渠道可以得到不同的流通效果。因此，选择合适的销售渠道是企业经营活动的重要环节之一。

第一节 农产品分销综述

一、分销策略

农产品的分销策略就是企业选择什么样的流通渠道或销售环节将产品转移到消费者手中的方法。常见有综合性分销策略、选择性分销策略和独家分销策略三种。

（一）综合性分销策略

即应用多种分销渠道综合性地推销自己的产品。就是指通过批发商把产品分布到各零售点，销售面十分广泛，竞争性特别强。常用于日用消费品和生活必需品的销售，采用间接销售方式。

（二）选择性分销策略

由于产品的特殊性、用户和消费者的偏爱等，经营者要选择较为合理的、有效的分销渠道作为自己的产品的理想销售路线。

（三）独家分销策略

经营者在某一特定市场，仅选择一家批发商或零售商专门销售本企业的产品，在一般情况下，这些经销商或代理人不再经营其他同类产品。特别是一些名牌产品、农业机械、家电产品常采用独家分销。

以上三种策略，随着情况的变化而变化，有时用一种或两种策略，有时也可以综合应用。

农产品的分销因充分引入市场机制——公司制，农产品的销售就必须立足市场。四川的农产品除了成都平原和少数地区外，大部分都处在一种自产自销的原始买卖状态。农产品是一个季节性极强的产品，因此要有良好的计划统筹安排才能有效地规避风险。四川是一个不太发达的西部省份，边远地区更加落后，部分市、州的农民还保留一种自给自足的小农生产经济思想，农民对市场了解非常有限，因此有待于树立正确的市场营销观念，用市场营销思想指导生产。

二、选择好分销渠道

所谓分销渠道，是指农产品从生产者到达最终消费者所经历的各个环节和途径，即农民将农产品转移给最终用户所采用的方式。从市场营销的角度来看，农产品分销渠道包括农产品实体从生产领域到消费领域的全部过程和全部经营环节，以及在流通过程中所发生的商品所有权的转移过程。在这个复杂的流通过程中，不仅包括各种专业商业机构和生产企业销售机构，以及为农产品流通服务的仓储、运输和保险机构等，还必须把最终消费者和用户也包括在内，构成一个完整的流通渠道体系。农产品分销渠道可按产销形式和产销区域两种方法划分。

（一）按产销形式划分

有产销分离、产销结合及产销一体化三种类型。

1. 产销分离型

即指以商业为媒介的渠道，大部分农产品从生产领域进入消费领域，都以商业为交换媒介，即多环节销售型。生产者的产品经过多层次、多环节销售给用户，一般有以下几种形式：（1）生产者——批发商——零售商（或销售专业公司）——消费者（用户）；（2）生产者——代理商——零售商（或销售专业公司）——消费者（用户）；（3）生产者——代理商——批发商——零售商（或销售专业公司）——消费者（用户）。多环节销售型，渠道长，覆盖面广。

2. 产销结合型

即指通过契约关系，由生产者提供产品，销售专业公司（组织）销售产品，实现生产与销售在分工基础上的协作，即单环节直销型。生产者将产品直接批发给零售商（或销售专业公司），再由零售商（或销售专业公司）给用户，即生产者——零售商（或销售专业公司）——消费者（用户）。单环节直销型与直销型相比，产品覆盖面要大一些。

3. 产销一体化型

即指生产企业既生产又销售，企业（组织）在生产出产品后，企业的销售公司（机构）销售产品，即生产者直销型。生产者不经过中间环节而把自己的产品直接销售给消费者，即生产者——消费者（用户）。这是最直接的流通渠道，可以最大限度地节省流通费用。

（二）按产销区域划分

有国际市场分销、国内市场分销两种类型。具体到一个市（州）或地区，又分为市（州）或区外分销和市（州）或区内分销。这里重点谈一下市外市场分销渠道。市外市场分销渠道主要包括：间接外销。其形式有专业公司收购或代理、外销联营、合作外销及外地企业驻本区采购等；直接外销。其形式有利用市外代理商或经销商、直接卖给最终用户、设立驻市外办事处和利用市外分公司或子公司等。间接外销和直接外销各有千秋，应根据自身的规模大小、产品情况、市场需求以及当地运输队伍、交通条件等因素，进行认真选择。现阶段，各分销渠道为适应市场经济的发展，正逐步由分散走向联合，其形式包括按照产业化思路组织的、跨区域的产供销纵向联合和批发商之间的横向联合。纵向联合主要有三种形式，即公司垂直一体化系统、合同垂直一体化系统和管理一体化系统。横向联合主要是指由中小批发商组成的自愿联销组织。当前，至关重要的是强化措施，搞好农产品分销渠道体系建设。

一是努力实现由驾驭生产向驾驭市场的转变，尤其要树立以消费为导向的市场营销思想，把消费作为生产的目的和动力，抛弃追求面积、产量、产值，不讲以销定产的传统观念。

二是建立多形式、多渠道、少环节、开放式的分销渠道。在充分发挥现有渠道作用的基础上，大力发展合作商业组织、农村个体流通组织等产销结合型分销渠道和农工商联合、贸工农一体化企业等产销一体化分销渠道，改农产品由农户自产自销为市场分销，解决农产品卖难问题。

三是建立多种形式的，星罗棋布的销售网络。在城市和重点基地建立农产品贸易中心和批发交易市场，发挥城市对农村的辐射效应，刺激农产品生产与流通；按市场经济规律设置批发商业机构，砍掉不合理的经营环节；打破行政区域和行政层次的限制，实现产地销地直接联合协作，加强横向经济联系，创造农产品的跨区域大流通格局；鼓励城市商业企业与农业企业联合协作，积极发展连锁经营，建立生鲜农产品配送中心。

四是大力发展农产品的储存、运输和加工。快捷的运输，有利于在空间上克服农产品的地区性与全国性乃至世界性需求之间的不一致；储存能力的提高，有利于在时间上克服产品的季节性生产与连续不断的消费需要之间的不一致；较强的加工能力，则可在形态上将农业生产原料和半成品制造成适合消费者需求的最终产品，提高农产品的价值与价格，并有利于储存和运输。

五是建立高效的农产品营销组织。把建立营销组织和专兼职结合的销售队伍放在重中之重的位置。通过营销组织，搞好市场调研，传递市场信息，组织农产品生产及协调买卖双方的关系。

第二节　农产品批发与零销

在农产品市场营销中，多数产品都需要营销渠道中的中间商进行销售，这主要是因为中间商有着经营者无法比拟的优点。如中间商有较多的专业销售人员；中间商同时代理多个商品品牌，消费者多，销售机会大；中间商有广泛的社会关系和销售网络，更能促使商品销售。中间商，即指介于生产者与消费者之间，专门从事商品流通活动的、独立的商业企业和个体劳动者，包括批发商、零售商和代理中间商。他们是帮助和促进企业的产品进入市场，转移到消费者手中，实现产品价值的主要营销中介。因此，选择好中间商对于农产品的销售十分重要。

一、批发商

批发商是指按照批发价格经营批量商品买卖的商品经营者。经销商通过将大批量拆分成小批量、或将小批量组合成大批量的方式，将商品组合成不同的数量，以满足不同消费者的需求。它向生产单位或商业单位购进商品，供应给零售商或其他单位。因此，批发商是在不改变商品或劳务的性质的情况下，只完成商品在空间的转移，以达到销售的目的。批发商一般是大批量进出，市场覆盖面广。而且批发商对物流业务熟悉。可以说，批发商是产品流通的大动脉，是销售渠道中的关键环节。批发商作为生产者与零售商之间的中间商，从市场营销的角度看有以下作用。

（一）批发商能够大规模帮助营销

生产者通过批发商的大进大出，可以迅速、大量地卖出产品，减少库存，加速资本周转，并可使商品在地区间和时间上合理地流动，解决产销矛盾，促进生产和消费的平衡。

（二）批发商能沟通生产与消费信息

批发商可凭借自己的实力，帮助生产者促销产品，并为其提供市场需求信息。批发商大批量购进商品后，可按零售商的要求，组合产品特色、规格和品种，并为其提供产品供货信息等。

（三）批发商能为生产者提供多种服务

批发商一般都要有仓储设施和运输手段，在行使购销职能的同时，兼有储藏货物、物流运输功能，并且还开展多种服务性业务，如通过预付款为生产者融资等。

（四）批发商能帮助生产者促销

批发商与生产者比，更贴近市场、更贴近消费者、更贴近需求，对所在的市场环境比较熟悉，因而生产者可将一部分促销和服务职能转给批发商来完成。因为大多数的零售商直接接触的是批发商，所以，生产者可以利用批发商对零售商的控制来实现对产品销售渠道的控制。

由于批发商是商品销售中的中间环节，要分享流通利润，有时生产者和消费者为了减少中间商分享利润，都希望减少流通的中间环节。农产品大多数是鲜活产品，应该尽量减少中间环节，缩短流通时间；但是农产品的收获期又相当集中，需要在短期内大量出售产品，又迫切需要中间商来参与营销。所以，各级政府和有关部门的职责之一，就是积极组织和动员中间商投入到社会主义新农村建设当中去，发挥中间商在农产品营销中的更大作用。

批发商可根据业务性质划分为独立的批发商和批发营业部或营业所。独立的批发商又可根据区域范围和业务性质分为综合批发商、专业批发商、地方批发商、区域批发商、产地批发商、销地批发商、城市批发商和乡镇批发商等。批发营业部或营业所也可分为进货营业部、销货营业部两种。

二、零售商

在现代市场经营中，零售商是销售渠道中分布最广，从业人员最多的组织。哪里有消费人群，哪里就有零售商。零售商直接与最终消费者相联系，它的基本职能就是从事零售交易，把市场需求的产品直接销售给最终消费者。

（一）零售商的类型

传统意义按商品种类划分，如经营大米、面粉的称粮店，经营水果的称水果店，经营多种商品的称百货店，经营单一产品的称专业店。随着社会经济的发展，零售方式发生变化，人们开始习惯按经营方式（业态）来划分零售商的类型。按经营方式划分零售商主要有以下几种。

1. 集贸市场

集贸市场是我国城乡传统的零售场所，商品主要以农产品、生活日用品、小商品为主，生产者自产自销的零散商品可以直接拿到集贸市场销售。有些位于城镇的集贸市场主要经营瓜果蔬菜、肉类、水产和粮油等农产品，被称为农贸市场，是城乡居民的主要生活日用品购买场所。农贸市场城市和农村的环境差别较大，出售的产品也各不相同，可以反映出地域特色和消费习惯。如成都的五块石农贸市场、浆洗街农贸市场、双桥子农贸市场等。

2. 百货公司

百货公司是一种大规模、综合性、分部门经营日用工业品的零售商业企业。其特点是资金雄厚，商品种类较多，服务设施齐全，管理手段先进，服务质量较高，商品价格水平也较高。如成都百货大楼、人民商场、黄河商场等。其中还有按产品或需求业务划分的专业商场，如国美电器、富森美家居、八一家具城等。

3. 购物中心

购物中心。由开发商规划，统一管理，拥有大型的核心店，集零售物、餐饮、娱乐为一体，有多样化商品街（店）和停车场，是各类零售业态、服务设施的集合体，装潢考究，商品多样，档次和质量较高，是国际流行的“一站式购物”场所。一般购物中心都是外商独资、中外合资、国家控股、民营资本、集体股份等多种成分构成兴建的大型商业设施。在成都经营比较好的如王府井百货、伊藤洋华堂、摩尔百盛、太平洋百货、家乐福、北京华联等。

4. 连锁超市

连锁超市是指在同一所有者集中控制下统一经营、统一管理的商店集团，少则2～3家、多则百家以上连锁在一起，商店标志、设施、经营品种、销售价格和服务方式都相同。连锁超市实行统一进货，统一配送，运输成本低，商品周转率高，综合了批发与零售的功能。连锁超市在零售业发展中已形成主流趋势。成都“红旗连锁超市”近年来越做越强，越做越大，已经从城市向农村扩展，在农产品营销和为消费者服务方面做出了突出贡献，功不可没。

5. 便民店、放心农资店

便民店是一种以经营最基本的日常消费品为主、规模相对较小，位于住宅区附近的综合商店。便民店一般营业面积较小，品种不多，实行连锁经营，价格平稳，很多是家庭式的，营业时间长，适应城镇居民日常生活购物需要。成都市推行的“放心农资店”是在广大农村由政府倡导建设的小商品店，主要职能是向农民提供农业生产资料、部分生活日用品的供应服务。一般面积在20～30平方米，农业生产资料由上级农资经营公司组织配送，生活日用品由经营者自主进货销售，也可配合出售部分当地产的农产品。成都市一般一个村建设一个放心农资店。

（二）零售商的作用

零售商的作用概括起来，主要有以下几方面。一是为生产者和批发商分散货物，为消费者提供多种多样的商品品种，满足消费者的需求。二是方便消费者购买商品，通过各种促销手段开展促销吸引消费者购买满意的商品。三是沟通信息服务。零售商能够及时了解消费者的需求，及时向生产者反馈需求信息，沟通供需双方的意愿和要求、建议，有利于促进新产品的开发和扩大销售量。

三、农村经纪人

（一）代理商

代理商是以代理卖方或买方销售产品或采购商品为主要业务，从而向委托方收取代理报酬的组织或机构。代理商没有商品所有权。代理商主要有工厂代理商、销售代理商和进货代理商等。

（二）经纪人

经纪人也是一种买卖代理，主要是为买卖双方牵线搭桥，协助谈判，促成买卖。经纪人不存货，不涉及账款支付，不承担风险。买卖交易成功后，经纪人按与买方或卖方的约定获取一定的劳务费用。在农产品人员推销工作中，还要重点关注农村经纪人的发展。经纪人是市场开拓的主体要素，培育造就一支开拓国内外市场的经纪人队伍，提高其组织化程度，就能推动市场营销的发展。一方面要大力发展农民合作运销组织，让农民组织起来进入市场，解决一家一户生产经营活动的信息不对称，进入市场难，风险大，产品运销环节多、成本高，从而导致农民增产不增收的问题；另一方面，培育农民经纪人队伍和代理商、中间批发商组织，扩大营销规模，提高交易效率。如成都市温江区的天星葱，脆、嫩，香、口感好，常年栽培面积 2000 亩以上。温江大蒜个头大、蒜汁多、品质好，易剥，近年来发展很快。通过农村经纪人的促销活动，温江天星葱、温江大蒜已经成为温江的农业品牌。成都市彭州蒜薹远销国内外，全国有名。山东省苍山县是 1 人种菜 3 人卖，使苍山蔬菜销天下；金乡县依靠成千上万的经纪人，把金乡大蒜卖到了全世界，出口量占全国的 70%；亳州之所以能成为国内最大的中药材集散生产基地，几十万药商功不可没。

对经纪人队伍要加强培养，使他们树立现代市场营销观念，提高他们的基本素质。应培养他们具有现代营销新观念（绿色营销、电子商务等）；培养现代营销胆量，要像海尔集团张瑞敏那样，敢于“与狼共舞”；培养他们具有现代营销组织能力；培养他们具有创新意识；培养他们具有新的决策方法，集中群众智慧，集体决策，不能一人说了算；培养他们具有利益导向的经营思想。就是在经营顺风时，要上坡时，能看到预期利益，并通过改革转化潜在利益。

第三节 农产品营销渠道新模式

在现代市场经济条件下，市场竞争日趋激烈，发达国家纷纷出现了销售渠道的纵向联合和横向联合以及集团型联合等新形式。20 世纪 90 年代，我国出现了农业产业化经营方式，也使农产品的销售渠道发生变革，出现了农工商一体化的垂直渠道模式，即产业化销售模式。主要有“公司 + 农户”、“公司 + 合作组织 + 农户”、“公司 + 基地农场”和“订单农业”等几种形式。

一、公司 + 农户

这种模式是我国最早开始的农业产业化发展模式。这里的公司指的是涉农企业，又称为“龙头企业”，主要从事农产品加工、销售和贸易。龙头企业又有国家级、省级、市级龙头企业之分。国家鼓励和支持各级龙头企业走“公司 + 农户”的道路，带动千家万户的农民，共同组织起来奔大市场。龙头企业与农户建立合作伙伴关系，从农民那里购买原料农产品，保证了企业原料供应渠道的稳定。农户将自己生产的农产品卖给企业，集中精力从事农业生产，不用担心自己的产品的销路。很多企业还对农户进行产前、产中、产后的技术培训和指导，种子、化肥、农药等农资产品也由公司统一配送，以保证农产品的品质。

二、公司＋合作组织＋农户

这种模式是对“公司＋农户”模式的完善和提高。因为在“公司＋农户”模式下，公司直接面对众多的农户，管理不方便，交易成本高，双方之间一种松散的连接机制，常常发生违约现象，企业和农户之间的利益协调问题难以解决。合作组织介入后，形成了“公司＋合作组织＋农户”模式，公司可以通过合作组织统一收购农户的产品，对农户的生产提供支持和质量监督，从而降低企业的管理和交易成本。农户也可以通过合作组织与企业谈判，维护自己的利益。合作组织可以及时把企业的要求向农户传达，并立即组织实施；反之，农户的意愿和建议也会及时反馈给企业，双方得到沟通。

三、公司＋基地农场

这种模式多数为农产品加工企业为保障原料生产质量安全而组建的模式。一些大型的农产品加工能力企业的食品集团，为了开展国际化经营，生产和加工的蔬菜、肉类等食品卫生安全和产品质量问题备受关注。所以，为了从源头上保障产品的质量安全，公司建立自营基地或农场，形成了完全一体化的原料供应渠道。另外，还有一种情况就是公司建立委托农场生产原料产品，公司只是派出人员对原料产品进行抽查和监督，不自己组织生产。这些委托农场有的原来就是生产公司需求原料的农场，有的是通过转产的农场，有的是根据公司需求原料新组建的集体农场（或原料生产片区）、协会基地等。

四、订单农业

“订单农业”又称合同农业或契约农业，是近年农业组织化生产中的新生事物。签约双方一方为农民或农民利益代表者，一方为企业代表或中介服务组织（包括农产品经纪人、运销大户、协会负责人、合作组织代表等)。在订单中，供需双方确定了交易的农产品品种、数量、质量和价格，规定了交货时间和结算方式。双方签约后，都必须享有订单所确定的权利，承担相应的义务，订单对双方都具有约束力。订单一般在农作物生长期或畜禽产品养殖期的开始前签订，在收获期或出栏期履约，属于一种期货贸易，因此，也有人把“订单农业”称为期货农业。

在市场经济条件下，农产品的卖难以及供需矛盾时有发生，“订单农业”一改传统农业先生产后销售的做法，先找市场后生产，市场需要什么，才生产什么，是适应社会主义经济发展的一种新的销售模式。

第八章
果菜营销市场建设

我国人民的饮食习惯是以植物性食物为主、动物性食物为辅的。所以，水果、蔬菜在居民膳食消费结构中占有很大的比重。水果、蔬菜主要为人类提供必需的膳食纤维、矿物质、维生素 C 和胡萝卜素等营养物质，是人们每天必不可少的必需品。

第一节　水果和蔬菜的市场营销

一、果菜市场营销现状

（一）国内批发市场、零售市场体系已经初步建立，大流通、大市场的格局基本形成

据国家工商行政管理局统计，1986 年，全国有农产品批发市场 892 个，至 1995 年增加到 3190 个，10 年间平均每年增加 230 个；至 2000 年，全国农产品批发市场发展至 4532 个，“九五”期间平均每年增加 268 个，相当于前 10 年平均每年增长量的 1.17 倍。按现价计算的

平均每个批发市场的年成交额，从1986年的317.8万元增加到2000年的7394.0万元，15年间增长了22.3倍，平均每年递增23.4%。并且市场建设规模越来越大，功能日臻完善，市场主体的组织化程度逐步提高，发展势头有增无减。国内初步建立起较为完善的农产品批发市场、零售市场体系，大流通、大市场的格局基本形成。四川是全国蔬菜主产省之一，常年播种面积达1600万亩，产量3000万吨，产值340多亿元，占种植业产值的30%以上，是种植业中仅次于粮食的第二大产业，在四川农民人均收入中，来自蔬菜产业的收入达到362亿元，占13%，是近年来对四川省农民人均纯收入增长贡献较大的产业之一，也是发展潜力较大的产业之一。做强做大果菜产业，促进农民增产增收有十分重要的意义。

（二）以配送、超市、大卖场等为主的现代流通方式发展势头迅猛

近几年来，随着经济的发展，以配送、超市、大卖场等为主的农产品现代流通方式发展势头迅猛，“农改超”已经成为一股潮流正在席卷国内大中城市。广州、武汉、深圳等城市集中在市中心区的农贸市场已经逐步改变经营形态，成为现代农产品流通的新业态。

（三）果菜供应结构性的供求矛盾仍很突出

现阶段我国果菜大路货初级产品过剩，优质、特色精深加工产品供应不足。几年来，全国蔬菜的种植面积和产量急剧增加。据农业部统计，截止到2000年底，全国蔬菜种植面积达到2.2亿亩，占世界蔬菜种植面积

的13%，产量4.4亿吨，占世界产量的66%，人均产量为338千克，为世界人均产量102千克的3.3倍，人均占有蔬菜量更是远远高于国际水平。但市场上初级、低档次产品严重过剩，而经过精细加工、高档次、高科技含量产品仍然偏少。

（四）营销创新还难以适应消费需求变化

近年来，国内农产品营销有了长足的发展，许多地区农产品已走向了国际市场，但从市场营销的角度看，国内农产品营销还不够规范和科学，营销观念还不突出，农产品营销是落后的、零碎的和脱离市场需求实际的。当务之急，需要应时而变，推动农产品市场营销的创新，即从传统观念转到以市场需求为中心的现代市场营销观念上来，变“生产什么，消费什么”为“市场需要什么，我才生产什么”，“市场上需要什么档次的产品，我才生产销售什么档次的产品”，实现种得好、卖得俏，销得多，农民收入高的目的。

二、果菜市场营销发展趋势

（一）产业化步伐日趋加快

农业产业化的发展，使果菜产、销、加的联系越来越密切，产业化链条越来越紧密。以“公司+农户”为主要形式的农业产业化模式正在成为不少地方农业发展典型。其主要表现：一是各种龙头企业不断涌现，龙头带动作用越来越强；二是生产基地的规模化、生产产品的标准化程度越来越高；三是订单农业的发展越来越多，果菜产品的订单比例越来越高。

（二）供求关系发生新的变化

一是需求层次多样；二是供给范围拓展；三是生产空间扩大（粮食供大于求）。

（三）对质量管理提出新的要求

1. 安全无公害

随着“无公害食品行动计划”的深入开展，现在食用无公害蔬菜已成为一种新的消费潮流。人们将更加注重生活保健，吃营养、食保健、回归自然、返璞归真，是人类发展的必然。未来的几年内，谁能搞好安全无公害蔬菜营销，谁就能在激烈的市场竞争中占有主动。

2. 优质、新鲜

人们冬季吃青菜、淡季吃鲜菜早已不再是什么新鲜事。因此，像温室杏、大棚桃、雪韭、越冬甘蓝等耐低温型反季节优质果蔬品种，白菜、萝卜、菠菜等抗高温型反季节优质蔬菜，韭菜、黄瓜、番茄等多季型优质蔬菜品种的发展，不仅丰富了人们的菜篮子，还使农民尝到了高产、高效、热销的甜头。

3. 具有观赏价值

近两年，随着人们消费观念的逐渐变化，人们对果蔬越来越挑剔。像弯曲似蛇的观赏蛇瓜，各种颜色的彩椒，樱桃番茄，迷你黄瓜，袖珍西瓜等一些具有观赏价值的果蔬不仅要好吃，还要求美观。由于其满足了人们食用、营养、保健、观赏等多方面的需求，市场前景看好。

4. 产品包装标准化

通过包装增值，提高果菜产品的品味，增强市场竞争力。同样的产品，通过简单包装就能明显起到增值的效果。

（四）面临新的竞争环境

新时代，我们面临的竞争对手越来越多，也越来越强。国内果菜在国际上虽然是优势产业，但我们的产品质量、档次、营销观念和手段同发达国家相比都有较大的差距。在国内市场上，四川省的果菜同山东、江苏等省相比，也有不少差距，我们既面临国内市场竞争的压力，又要防止国外农产品冲击国内市场。

第二节 果菜营销建设的基本要素

在市场经济条件下，不仅要生产优质的产品，关键还在于要把好产品销售出去，卖一个好的价钱，才能增加农民收入。因此，营销体系的建设很重要。

一、优势农产品生产目标

根据资源优势和市场潜力，四川近期确定优质水稻、“双低”油菜、饲用玉米、柑橘、商品蔬菜、蚕桑、茶叶、棉花等8种农产品为重点扶持发展的优势农产品，采取一种产品制订一个战略，确定若干优势产区，明确主要目标市场，选择一批龙头企业，推广一套实用技术，制定一套扶持政策的方法，在四川建成柑橘、“双低”油菜、棉花等3个全国优势作物的8个优势产区，建成西部地区有特色、成规模的优质水稻、饲用玉米、商品蔬菜、茶叶、蚕桑等5个优势作物的16个优势产区，力争到2010年优势产区提供的优势农产品占全省同类农产品总量的80%以上。到2010年，全省建成市场竞争力更强和产品特色更加突出的5个商品果蔬优势区域，即攀西早市果蔬区、川西加工外销果蔬区、川南反季节蔬菜区、川东北特色果蔬区、川西山地秋淡果蔬区，区域内商品果蔬集中度达全省的80%；良种覆盖率达95%、加工率10%、标准化生产技术普及率75%、商品果蔬卫生安全合格率达98%以上；全省水果种植面积达到800万亩，年产量550万吨，年产值达166亿元，优质果率50%以上，投主果园平均单产提高到800千克/亩。全省蔬菜种植面积稳定在1600万亩左右，年产值达400亿元，对全省农民人均纯收入贡献额提高到450元以上。

二、建立安全、优质、特色基地

果蔬基地建设是市场营销的基础，只有建立稳定的基地，才能培育出稳固的市场。基地建设不仅解决果蔬龙头企业的“无米之炊”的困扰，而且也为“公司加基地”的可持续发展打下坚实基础。在基地建设上要特别注重突出安全、优质和特色，发展无公害、绿色和有机食品。要认真组织实施《四川省农业发展“十一五”规划》，搞好各区域内的规划布局，调整产业结构，一村一品，规模生产，以满足本地、外销和加工三个市场的需求。

三、加大科技支撑力度

果蔬生产发展重点要加强品种改良，推广标准化栽培技术、设施规范化栽培技术和壮苗培育技术、疏果和套袋技术、平衡配方施肥技术和矮化密植技术等，还要抓好“减、控、督”，既生产过程中严禁使用高毒高残农药的同时，减少用药量，严格控制安全间隔期，加强对产品的例行检查，确保产品质量安全，提高四川省果蔬产业的科技水平。

四、发展产业化经营

积极引导和鼓励农民开展土地合理流转，增强集约化程度；培植龙头企业，采取“公司+基地+农户”订单农业形式发展果蔬生产，搞好产业化经营。充分利用四川省果蔬品种丰富、周年均生产、劳动力便宜的优势，大力发展果蔬采后处理和加工生产，扩大加工数量，提高加工档次，增加果蔬效益。

五、培育职业化农民

果蔬产业已成为四川农业生产和重要产业，在农村经济发展和农民增收致富中作出了巨大贡献，要进一步落实“市长负责制”，加大对果蔬产业的支持力度，每年从财政收入中安排一定资金，重点支持商品蔬菜优势区域的生产技术研究与示范推广，将农业资金向果蔬产业倾斜，为其持续、稳定、协调发展提供保证。果蔬产业在种植业中品种多、分布广，蔬菜生产周期短、茬口多，技术要求高，种植难度大，应积极组织实施蔬菜技术更新培训工程，提高新技术、新成果、新品种、新材料的入户率和转化率，提高农民的综合素质，培育一大批懂技术、会生产的果农、菜农，增大专业化农民的比重。

六、大力扶持农村经纪人

农产品的竞争，实质上是市场的竞争，面对先进省、市经营有方的民间组织或私营业主，四川省千家万户、单干独立的小农户很难在千变万化的大市场中竞争取胜，因此我们要扶持、培育大批农村经纪人，有计划、有组织地开展培训，把能够代表果农、菜农利益的法人团体，实现有组织、有计划地面向市场、发展生产、进入流通，提高专业化农民的组织化程度，积极参与市场竞争。

第九章
农产品基地和营销市场建设

当前，我国农业和农村经济结构的战略性调整正在向纵深推进。切实把市场流通产业作为先导产业，找准结构调整的着力点主攻方向，进一步搞活农产品流通，加快农产品市场体系建设，特别是发展与实现消费者的有效需求、开拓潜在需求相适应的新型业态和营销方式，真正发挥市场流通产业和农村经济结构调整中的不可替代的作用。按照西方经济学家的理论，市场营销是在产品开始生产的时候就开始的。因此，农产品的市场营销也要从农产品生产基地的建设开始抓起。优化农产品质量，发展名优产品；积极推进农业产业化经营，大力发展农产品加工业、储藏、保鲜和运销，开拓农产品市场，建立健全农业社会化服务体系，提高农业综合经济效益，是农业现代化的主要内容。

第一节　培育优质农产品基地

培育优质农产品基地，调整农业产业结构的指导思想，是进一步解放思想，更新观念，改进方法，发挥优势，增添措施，加强农业基础设施建设，改善农业生产条件，提高综合生产能力，面向市场，依靠科技，调整布局，优化品质，转化增值，提高农业的整体素质和经济效益。解决了市场、信息、物流的问题，关键还是要有好的产品，树立“为卖而产，为赚而调”的观念。成都市龙泉驿区围绕市场调结构，发挥资源优势和地理优势，发展观光农业、旅游农业，取得了可喜的成绩。2000年该区充分发挥农业科技的作用，先后成功繁育红富士葡萄、大久保蜜桃、丰水梨等各种优质水果8万余亩，占全区水果种植面积的40%以上，其中，美国脐橙种植面积1.2万亩。十陵镇千弓村谢××家种4.5亩丰水梨，卖了4.1万元。丰水、幸水、新水等日本系列优质梨，在全区种植面积约2万亩。已引进多年的日本巨峰、红富士葡萄现有面积3.1万亩，每年总产值超过1亿元，成为果农的“摇钱树”。入冬以来，从日本引种的朋娜、纽荷尔、华盛顿脐橙等陆续上市，每千克优质果可比一般水果多卖1~2元。乐山市中区罗汉乡黄荆村农民张××，在科技增收示范工程的带动下，2000年引种优质油桃和枇杷，2002年收益就超过50万元。可见发展有竞争力的优势产业和拳头产品是大有可为的。

发展思路：一是因地制宜，优化布局。土壤、降水、光照等自然、气候因素和立地条件是制约优质农产品生产的重要因素。要合理利用土地资源，光热水资源，发挥比较优势产业，避免追风赶潮，一哄而起，防止低水平的重复建设。一般在当地品质优良、产量高的产品都是具有发展潜力的主导产品，但是在全省乃至全国范围内是不是具有竞争力的产品呢？那就应该筛选、淘汰一般品种，发展名优产品。各地应根据自己的实际情况，筛选出本地域的主导产品，结合省委、省政府关于“成都平原、攀西地区、民族地区、丘陵地区和盆周山区发挥区域优势，优化品种布局”的意见，进行产品结构调整，发展自己的优势品种，淘汰劣质低效品种。

二是优化品种，科学管理地发展优质农产品基地，调整农业结构优良品种，必须把优化品种、品质放在突出位置。要加快实施种子工程，引进、选育和推广优良品种，全面优化农作物品种结构。发展一批具有竞争力的特色农产品和专用农产品、名优产品。好的品种，还要实施好的管理。按照现代农业技术的要求，加强名特优新产品的科学管理，才能培育出优质的产品。优质才有市场，优质才有效益。

三是树立品牌，规模经营。有了好产品，还要有规模，有品牌，才有市场竞争力。一个小区范围内，不要什么品种都发展，应充分利用资源优势，发展最适宜本地生态环境条件，最具有竞争力的品种产品。如蒙山茶、汉源花椒、苍溪猕猴桃、安岳柠檬、江安夏橙、宁南脐橙、攀枝花肯特芒果、会理石榴、盐源苹果、川康螺旋藻、巴山雀舌富硒茶、罗沙贡米、金川雪梨、巴塘核桃、康定张大哥牛肉干、阳平奶粉、通江银耳、甘孜阿坝名优中药材等。有了规模，才便于管理，才更好地进行农产品加工、储运，才有总量、有声誉、有市场、有效益。

四是产后加工、增值转化。我国农产品加工水平还比较低，与发达国家相比，差距很大。四川省农产品加工还处于起步阶段，发展潜力巨大。据了解，2002 年柑橘经简单的选果、打蜡、包装后，每千克可增值四角多钱。各地要从简单的选果、分级、打蜡、包装等初级加工着手，发展精细菜和优质果品、推广净菜上市、精品包装，逐步发展不同档次、不同品位、不同年龄梯次结构需求的系列食品加工业，延伸农业的产业链，提高农产品的附加值，重点抓好现有农产品加工企业的改造，并有计划地建设一批优势农产品加工企业，争取出口创汇。鼓励和支持龙头企业、种植业大户发展优质农产品，扶持农业产业化经营。

第二节　合理布局营销市场

首先，制定和实施农产品市场体系建设规划。要在认真调查研究的基础上，充分考虑各类农产品生产、流通、消费、进出口的格局和要求，从保证流通顺畅、满足居民消费和扩大出口的需要出发，科学论证，形成布局合理、全国统一的、中央与地方相衔接并分级管理的农产品市场网络。依靠及时、准确的市场信息和高效率的流通，引导、促进农业和农村经济结构的调整，增加农民收入。

按照自然规律的运行法则，老百姓从事农业生产劳动，就要生产农产品，除去供自己用外，就要进入流通，实施交易，要交易就要有交易场所，建立市场。市场不仅有固定市场，也有动态市场。随着市场经济的发展，农民将不可避免地成为市场经济的主体，千家万户的小生产，要直接面对千变万化的大市场，农民需要了解市场，选择市场，决定自己种什么、养什么，他们渴求准确的需求信息，总想使手中的产品尽快变成商品，并卖一个好价钱，获得最高的利润，这些都离不开现代农业信息和农产品市场建设。

根据四川的经济发展水平和生产力现状，我们认为市场布局的基本思路是：一要在四川的成都、绵阳、攀枝花、内江、西昌、宜宾、达州、乐山、泸州、南充、雅安、巴中等市、州政府所在地建立优质农产品综合市场或绿色食品专营市场。二要在其他中小城市建立特色产品市场或本区域主导产业市场。三要在农产品主产地域或主产乡镇建立产地批发市场；同时发展季节性、临时性农产品集散地收购销售网点。四是农业管理部门的同志应该更有紧迫感，积极参与，争取各级政府的支持。抓住西部大开发进行基础设施建设和城市改造的有利时机，把农产品市场建设纳入农业基础设施建设规划，增加投入，重点搞好场地、道路、通讯和农药残留检测等公用设施建设，打好农产品市场建设的基础仗，为优质农产品的营销战略和农民增收铺平道路。在经济发达的日本，各县的农业协同组合、经济联合会都有自己的农产品市场和营销体系，他们利用这些设施和条件，把分散的个体农户组织起来，形成一个利益共同体，抵御市场经济的风险。

应采取的主要措施：一是国家财政扶持一点，所在市、州地方财政挤一点，参与单位和个人筹集一点，建立优质农产品综合市场，实行国家控股，联合经营。二是利用现有各地已建市场的基础设施条件，按照规划布局要求，进行扩建和改造；可以采用独资、联营或股份合作制的方式营运。三是吸收外资或外省企业资金，按照统一规划布局，建立优质农产品综合市场，实行全额独资经营。四是利用集体企业或民间企业资金建立农产品市场，实行承包经营或民营。

第一，要增加投入，从根本上改变农产品市场基础设施薄弱的状况。要多渠道筹集资金增加投入，使农产品市场设施简陋、交易条件差、服务功能不配套的状况有根本改观。借鉴日本、韩国和我国台湾省的经验，对市场的水、电、路和大型交易设施、电子信息系统、结算系统、农产品质量检验检测系统等公共基础设施建设，要加大财政支持的力度。要重视对现有农产品批发市场的整合、改造与完善，逐步建设一批设施先进、功能齐备、交易规范、辐射面广、信誉好的现代化农产品批发市场，以带动整个农产品市场网络的提档升级。

第二，逐步推广现代交易方式和运作管理模式。大中城市的销地批发市场、农产品主产区的大型产地批发市场，要积极推行标准化分级分类和规格化包装，与配送和连锁经营等现代流通业态对接。有条件的可开展期货交易、拍卖制和电子商务等方面的试点。这样做，既可以规范市场交易行为，又可以用先进的营销管理模式带动农业的标准化生产。

第三，培育市场主体，提高其组织化程度。一方面要大力发展农民合作运销组织，让农民组织起来进入市场，解决一家一户生产经营活动的信息不对称，进入市场难，风险大，产品运销环节多、成本高，从而导致农民增产不增收的问题；另一方面要培育农民经纪人队伍和代理商、中间批发商组织，扩大营销规模，提高交易效率。

第四，加强市场信息的采集，加工处理、预测和发布工作。要制定市场信息标准，建立信息采集、发布的渠道，健全制度，加强信息预测分析，为进一步活跃、改善市场经营提供有力支撑，同时下工夫解决信息传播“最后一公里”问题，为引导农民调整农业和农村经济结构提供有效的信息服务。

第五，推行农产品质量安全市场准入制度。对食用农产品实行市场准入制度，是确保居民“菜篮子”产品消费安全的重要环节。当前，蔬菜产品主要解决高毒有机磷农药残留问题；水果主要解决农药残留和生长激素滥用问题；畜产品主要解决“瘦肉精”兽药残留和疫病问题；水产品主要解决药物残留和贝类产品污染问题。要在农产品销地市场普遍推行质量安全检测检验，并将产地市场的质量检验检测与生产环节的检测监控结合起来，逐步做到产前、产中、产后的全过程质量安全控制。

第六，加快制定有关加强农产品市场管理的法律法规，健全法制。组建农村经纪人队伍。发挥行业协会在市场开拓中的作用。发挥经纪人在市场开拓中的作用。

第三节 建立市场营销网络

加快农业信息建设，建立市场营销网络，是迎接加入WTO后对传统农业挑战的需要。要充分合理的配置土地资源，发挥土地增产潜力，增加适销品种和特种作物的种植面积，提高种植水平，以增强出口创汇能力，其中很重要的一点，就是要及时知道国内外市场信息，了解市场行情，指导生产，否则盲目跟风种植，将血本无归。2002年成都市龙泉驿区大面镇12个村数千亩藕，质优价廉，无人要；都江堰猕猴桃基地，优质猕猴桃喜获丰收，果农愁；金堂福兴镇2500亩冬瓜1分钱500克，无人问；简阳市玉成乡3000万千克冬瓜，找不到销路，每千克一两分钱，也没人要，为了不误农时，只好砸烂作肥料。由于市场信息不灵，产品无销路，增产不增收的实例太多，不胜枚举。市场营销网络建设，已经到了刻不容缓的地步了。

一、基本设想

（一）搞好大中城市优质农产品市场营销网络和省农业行政主管部门的农业信息网络建设

开通与农业部、省际、大中城市优质农产品市场间，以及国际农产品市场间的信息；了解市场行情，逐步规范市场信息采集行为，建立和完善信息发布制度，争取用几年时间，逐步构筑及时、准确、系统、权威的农业信息体系。

（二）搞好中小城市特色农产品市场营销网络建设

贯通与省农业行政主管部门间、大中城市优质农产品市场间的信息，了解掌握各地市场行情。

（三）搞好生产地域乡镇产地批发市场网络建设

联通与省农业行政主管部门和大中城市间、中小城市间的信息，了解和掌握农产品市场信息动态，让网络触动农民。

（四）搞好种植业大户或中心示范户网络建设

沟通与省、市、县农产品市场间的信息，使农民通过信息高速公路，直接了解农业生产情况和现代农业信息，以便从事更为合理，费省效宏的农事活动。苍溪县自2000～2002年开通互联网两年来，全县已有5万人次在网上交易，成交额达3亿多元。

二、应着重解决的问题

（一）加大政府的扶持力度

农业市场网络和农业信息化建设就目前来说，离开国家和各级政府的拉动是难以实现的。国家应重点支持农业科技信息数据库和多种信息产品的研制开发、协作和服务，加强全国农业信息科学的学科建设和复合型人才培养，并把先进的科研成果应用于生产，在全国推广，并加强省级农业行政主管部门的网络建设。地方政府要重点扶持本地农业信息和农产品市场网络建设，纳入各地基本建设和城市改造规划，统筹安排；各级政府和涉农部门都应把市场网络建设和农业信息化工作，当作西部大开发狠抓科技教育的大事来抓。

（二）加强农业市场网络建设的系统管理

健全管理机构，加强对优质农产品市场网络建设工作的领导，搞好协调工作，完善信息传输反馈网络，使信息流上下贯通，流动自如。

（三）解决好市场网络信息的传递问题

首先要把市场网络建设和应用软件的开发、使用、推广结合起来，扩大网络开放程度，实现网络信息共享，真正发挥网络的作用，把研究成果和先进技术、市场动态等变为现实生产力。通过农业信息网络末端种植大户或中心户，把网上收集整理的有价值的信息源，定期张贴到信息栏，就可供农户参考，辐射到农民手中了。各级政府和涉农部门就可通过信息高速公路，及时、准确地向农民提供价格信息、生产信息、库存信息以及气象气候信息，提供中长期的市场预测分析，帮助农民按照市场需求安排生产和经营，使农产品市场信息网络成为政府引导农民调整结构的重要手段。

第四节　构筑物流运行框架

农产品物流运行需要安全、快速、准确的流通，生产与流通结合，流通愈便捷，就愈能占领市场，获得好的效益。据了解，1999 年彭州市批发市场莴笋批发价每千克仅 0.80 元，四季豆每千克 1.20 元，芹菜每千克

1.20元，而约300千米外的重庆市九龙坡菜市，莴笋批发价每千克1.20元，四季豆每千克1.85元，芹菜每千克1.80元，每天要销售彭州蔬菜20万千克，可见流通的效益是巨大的。邻水县引种培育出的新系脐橙白柳、清家、大三岛、奈维林娜等深受消费者青睐，全县约有4.5万吨以上，其中优质脐橙1.5万吨，锦橙2万吨，每千克脐橙产地价3~4元，市场销售价5元，经商品处理精品脐橙每千克销售8元以上，已销甘肃、贵州、河北等省、市。2001年会理的软籽石榴在北京农博会上卖到20元一个，还供不应求。时鲜、安全、无污染、无公害的优质农产品，通过物流集团的及时承运，快速的占领市场，可获得丰厚的回报。物流运行已成为实现农产品优质优价过程中一个十分重要的环节。

基本策略为：一是指导产地村民组织民间中小型运输公司（协会），承揽当地主导产品和特色农产品的运输任务，可由个体运销大户或多户运输户联合组成，实行松散的或紧密的联合协作，自负盈亏、自主经营。二是主产地域乡镇集体组建物流运输公司或集团，承担本乡镇及其周边地区的优质农产品等物流的运输任务，实行独立的民事法人，自负盈亏，自主经营。三是外资、大型国有企业或民营集团组建物流集团，承担各县或主产优质农产品区域到大中城市，以及出海、出口物流运输任务，实行合同式的委托运输业务。四是通过其他的组织运输形式，承担农产品物流运输任务，最快速、最大限度地将农民生产出来的农产品卖出去，卖一个好价钱，促进产销良性循环。经过数年努力，就可构筑起从生产优质农产品区域到消费市场间的物流运输框架。

第五节　规范市场营销管理

优质农产品市场营销要做到有序进行，促进市场发育和农业与商业部门结构的调整，增加农民收入。

一、要加大各级政府的扶持力度

日本的农林水产省和各县的农政部，作为农业行政主管部门都有指导、研究农业生产技术和市场营销的机构和部门；全国农业协同组合（协会）和各县、市、町、村农业协同组合以及中央经济联合会和各县、市经济联合会，也有市场营销的管理部门和生产技术指导机构，只是各自的侧重点不同而已。农业行政主管部门主要负责管辖区域内行政法规、政策的调查、研究和制定以及推广技术的指导等工作；农业协会则负责区域内涉及农户的各种农用生产物资供应、产品运输、销售以及各种生产成本核算、管理和有关农业技术和普及等工作；经济联合会则负责区域内经济群体间的技术指导和生产物资供应、产品运输、销售等工作。我们的市场营销系统还未建立，工作重点处于薄弱环节，各级政府应从资金、政策、场地等方面给予大力支持和关注，才能使农产品市场营销体系建设步入健康的轨道，促进农村经济的发展。

二、培养市场营销人才

西部大开发，人才是关键。没有人，什么事情也干不成。我们要按照市场经济的要求，努力培养现代农业技术推广人才、信息网络人才、物流运输人才、市场营销人才、培育农民经纪人，为农产品找“婆家”牵线、搭桥，造就一支生机蓬勃的市场营销队伍。

三、搞好产品宣传

各地一定要重视优质农产品和特色农产品的宣传，可采取图片资料展览，电视专题片介绍，VCD 光盘，新闻媒体采访等多种形式，舆论先行，占领市场，争取良好的经济效益。

四、搞好质量标准体系建设

抓紧制定优质农产品质量标准体系，完善检测手段，这既是实行优质优价的需要，也是参与国际竞争的需要。

五、规范市场营销行为

优质农产品基地的建设，必须选择优质品种，推广优质配套栽培技术，进行科学的管理。各种优质农产品必须按照质量标准进行检测、分等分级、开发保鲜、精品包装；做到及时、快速、安全、文明运输；不符合质量标准、内质和外观要求的，决不进入市场销售；严格市场运行管理，实行优质优价，才能筑起优质农产品的辉煌丰碑。

第十章

农产品市场流通体系建设

长期以来我们对农产品市场流通体系建设认识不足，重视不够，市场流通建设严重滞后，农产品物流渠道不畅，传统农业生产，既无标准又无品牌，种什么就卖什么，既无包装，又无卖相，价格低廉，效益很差。面对加入 WTO 后，对农业的挑战，市场营销已成为农村经济发展和农民增收的重要环节。如何应对挑战，化风险为机遇，是新时期农业和农村工作中迫切需要研究和解决的问题之一。

第一节　农产品流通协会建设

要充分认识市场对生产的主导作用，狠抓农产品流通专业协会建设。随着传统农业向现代农业的转变，我们更应该重视市场对生产的主导作用，市场需要什么，就发展什么，生产什么，引导农户“为卖而产，为赚而卖”，自觉地由小生产者转变为商品生产者。要继续强化广大农民的商品经济观念，增强市场营销意识，帮助他们掌握营销知识和技能。

一、组建运销合作组织

要按照农产品的销售规律，组建产地运销协会（公司），承揽当地主导农产品和特色农产品的运输、销售任务。搞好协会助农和业主开发工作，同时还要进一步加强运销管理，完善客户管理和服务，建立相对完善的客户资料档案，建立营销网络，改进营销手段，鼓励诚实合法经营，采取优惠措施，帮助农户扩大经营规模等。如峨眉山市食用菌协会引导农户加入合作经济组织，统一供种、统一技术、统一收购，带领农民走上了致富路。协会主要任务是：抓理念；抓基础；抓信息；抓商机；抓维护权益；抓协调。

二、建立销售代表制度

在农产品销售季节、各主产地要派出农民信息员或销售代表，及时了解各市场行情，指导定价，适度调节数量，刺激消费；同时，协调瓜农、菜农、果农，以及其他农民经销商的矛盾，把优质农产品稳步推向市场。

三、大力培养营销人才

要按照市场经济的要求，大力培养物流运输人才、市场营销人才、农民经纪人、运销大户、市场销售服务员，为农产品找“婆家”，牵线搭桥，造就一支蓬勃生机的市场营销队伍，把优质农产品推向市场，实现增收。

2002年四川省有农村专业合作社3759个，仅乐山市就有308个，会员近10万户，占农村总户数的13 %，人均收入高于其他农户20 %以上。其中犍为县建立各类协会60余个，会员近万人，协会中有生产、运输、销售、中介等各类农村能人，人才济济。苍溪县35个雪梨主产乡镇在全国30多个大中城市季节性驻有销售代表，活跃在全国的农民“雪梨经纪人”就有上万人，年销售雪梨5000万千克。广汉市兴隆镇蔬菜营销队，对兴隆蔬菜产业的发展发挥了积极的主导作用。有100多人长期活跃在全国部分大小城市的蔬菜市场，他们与当地蔬菜零售商关系密切，随时把准确地市场信息反馈给产地，及时调整种植业结构，按需组织发运。营销队还请种植业大户随车进行市场考察，如今，兴隆年生产蔬菜6万余吨，每天销往各地上百吨，卖难现象一去不复返了。

第二节　农产品流通信息建设

要充分认识市场对生产的引导作用，狠抓农产品流通信息建设。在当今社会，市场供求信息、价格信息、生产信息和生产营销信息不断变化，直接决定着产品的流向和效益。一条好的信息，就可能形成一个支柱产业；一条好的信息，就可能救活一批企业，致富一方；一条好的信息，就可能打造一个优势品牌，搞活一方经济。因此，在农业和农村工作中，必须高度重视信息对生产的引导作用。

一、合理布建网络末端中心户

按照统一规划，合理布局，整合资源，信息共享的原则，分品种，按地域，尽快建立健全产地县、乡龙头企业，种、养殖业大户，中心示范户的农产品市场信息网络。沟通与省、市、县农业行政主管部门间、大中城市优质农产品市场间的信息，使信息流上下贯通，流动自如。

二、搞好农产品流通信息服务

逐步完善农产品流通信息收集和发布制度，充分利用电子网络技术，及时准确地向农民提供投资信息、价格信息、生产信息、库存信息、农产品流通信息以及中长期市场预测分析等，使农产品市场流通信息网络成为政府引导农民调整结构，发展特色农业的重要手段。龙头企业要大力发展电子商务、物流配送，带领千家万户闯市场。

三、搞好农产品营销人才培训

各级政府和农业部门要把农业信息化网络技术培训列入跨世纪青年农民科技培训工程，有计划地组织种植业大户、专业大户、运销大户、农民经纪人、市场信息服务员，进行计算机基础知识、操作技能、农产品市场营销、信息化网络技术等知识的培训，进一步增强人们的经营理念，拓展营销思路，提高农民群众的科技文化素质和生产、经营技能，做强做大优势产业。

由于信息不灵，2002年云南省嵩明县菜农只顾埋头种植、品种单一，不问销路，坐地为商，万吨番茄烂市。金堂县福兴镇通过网上发布信息，目前，该镇黄瓜每日销售几十吨，供应到重庆、云南、北京等地。甘肃省民勤县政府不仅投资60万元建成了政府信息网络，内输外传市场信息，而且于2002年7月22日由县委书记、县长带队在北京中央电视台梅地亚新闻中心举办黄河蜜瓜和白兰瓜“卖瓜”新闻发布会，积极促销，使该县5万亩黄白蜜瓜增收有望。苍溪县自1999年开通互联网以来，农产品网上走四方。该县85%以上的乡镇开通了互联网和党政信息网，上百户农民经纪人开通了互联网，建立了大范围的销售市场，全县每年有3万以上人次在网上交易，成交金额达2~3亿元，增加了农民收入，促进了县域经济的发展。

第三节 农产品流通订单建设

要充分认识市场对生产的先导作用，狠抓农产品流通订单建设。市场就像一只无形的手，推动着生产的车轮，对农产品的质量和发展起着导向作用。农产品流通订单是市场经济的产物，是广大农民告别小农经济，由传统农业向现代农业转变的重要标志。流通订单以销定产，产销连环互动，对联结田头到市场，联结分散的千家万户到规模化集约化经营，发挥着重要作用。流通订单产销互动，城乡相融，既把农民引向市场，解决农产品卖难的问题，又解决了运销加工商“货源不稳”的难题，为农业生产注入了新的活力。

农产品流通订单建设，要细心培育，才能叶茂枝繁。

一、契约双方诚实守信

客商和农户在订单签订以前，要综合分析各种市场行情，审慎签约，订单一经签订，双方都要信守合同，履行经济契约，严格按照经济规律办事。客商不能坑、蒙、压、挑、赖；假借订单，将劣质种高价卖给农民，捆绑推销农资，压级压价收购，挑肥拣瘦，市场行情好时就收，不好时就赖，把经营风险转嫁给农民。农户也不能眼光短浅，降等、掺假、私卖。流通订单签订后，有的农户不按照合同要求组织生产，产品质量低劣，以次充好，还有的在收获产品前恶意灌水，违规收获产品，市场价高时，自己违约私卖产品。这些现象的发生，严重的损害了契约双方的经济利益，使农产品流通订单农业遭遇了尴尬。

二、规范契约关系

农产品流通订单农业实质上是契约农业。我们不仅要重流通订单，还要重流通买单。要发挥政府部门的职能作用，进一步规范农产品流通订单契约行为，完善双方的主体地位和相应的权利义务，提高农产品流通订单的履约率；引导社会不断进步，研究政策，促进增收；帮助农民树立合同意识、法律意识、市场意识，帮助中间商，化解市场风险，协调客商与农户的关系，促进农产品流通订单农业等农商对接活动的健康发展。成都嘉禾实业集团有限公司和制种基地农户签订收购合同，收购价实行“保护价”和亩平收益保大田生产的“低产补助”双保险政策，确保基地制种农户在丰年增产增收，歉收年不赔的政策，收到良好效果，促进了农户和公司的共同发展。

三台县按照市场经济需求，组织企业与农户建立了经济契约关系，2002 年油菜籽收购，周边市场价格为 0.46 元/千克，而订单保护价为 0.49 元/千克，仅此一项，签订单农户就增收 200 万元。同时，企业直接向农民收购，降低了中间成本，保证了原材料供应，实现了龙头企业与农户的“双赢”。巴中市巴州区以协会为依托，以农户为基础，发展订单农业，已拥有 10 万亩“订单农田”，引进国外水果品种 20 多个、蔬菜品种 10 多个和畜牧品种 10 多个；10 多万农户瞄准农产品加工企业，有力地推动了巴州经济的发展。2001 年全省发展订单农业 572.5 万亩，比上年增加 283.7 万亩。今年上半年全省订单农业种植 392 万亩，比上年同期增加 212 万亩。

第四节　农产品流通观光建设

要充分认识市场对生产的向导作用，狠抓农产品流通观光建设。随着市场经济的发展，农产品流通观光农业旅游方兴未艾，它是21世纪农业发展的新理念，也是统筹城乡经济发展、城乡相融合一三产业结合的新品牌，它的生态和社会经济效益前景广阔。闻名于世的匈牙利“乡村旅游”，美国从佛罗里达半岛到迈阿密几千千米的公路沿线，日本的中部地区和大中城市郊区，都是农业观光旅游的典范。我国的北京、上海、广州等大城市近郊，观光农业正蓬勃发展。2002年前广东的80多个观光果园，每年就接待旅客400多万人次，旅游收入10多亿元；2000年北京郊区接待农业观光客人2179万人次，收入达12亿元。随着观光农业的发展，各种农业高新技术，名、特、优、新产品，成为游人渴求了解的新亮点；主要包括感受农村氛围，观赏田园风光，采摘果品蔬菜，学习农业耕作技术，了解农耕历史文化，探索农业高新技术知识，尝试农活劳作，体验农趣和民风民俗，品尝优质农产品风味等旅游休闲活动，于游玩观赏潜移默化之中，优质农产品声名远播，销量大增。

一、打造好观光旅游农业带

以优质农产品、无公害农产品、绿色食品生产基地为前提，发展观光田园、果园、菜园；以庭院农业、花卉园艺、农家乐为依托，发展休闲农业；以民俗文化特色发展旅游农业；以自然保护区、风景名胜区为依托，发展生态旅游农业，打造好生态牌，营造好观光农业基地和氛围。成都市锦江区三圣乡位于成都市区东南部，距成都二环路约 3 千米，其中农业人口达 93.4%，人多地少，人均耕地 0.7 亩，耕地极其稀少。三圣乡古有“花乡”之美誉，从 1998 年起开始打造“花乡”休闲观光旅游产业，首先是改变农村的脏、乱、差乡村环境卫生状况和基础设施建设，2004 年，三圣乡挖掘梅、菊、荷等花的文化内蕴，将花乡资源开发与特色文化旅游景区的建设紧密结合起来，把全乡五个区分别建设为具有特色的农业文化旅游观光区，命名为“幸福梅林”、“东篱菊园”、“荷塘月色”、“江家菜地”、“花乡农居”，被称为“五朵金花”。这“五朵金花”特色各异，观赏性、娱乐性、参与性各异，营造出的文化氛围也各异，但却拥有一个共同的特征，那就是产、供、销联袂，集观光、旅游、休闲、度假、购物、美食、消费等为一体，以花为主题拓展市场，以“花文化”为魂发展观光旅游。三圣乡形成了一派“绿荫葱茏掩竹篱，花香悠然入院墙；堂前品茶听鸟叫，水榭荷边赏月光”的田园美景。2006 年 4 月 12 日，以“花文化”为媒、靠“花资源”致富的三圣乡农民们迎来了三桩大喜事：首届中国观光旅游节在三圣乡揭幕；国家旅游局向成都市授予“中国农家乐旅游发源地”牌匾，向成都市锦江区三圣乡授予“国家级 AAAA 级旅游景区”牌匾。一个以“花搭台，以花养乡，以花富民”的社会主义新农村文化典范，鲜活地诞生在川西坝子上。

二、搞好农产品新品种展示

结合观光旅游的特点，把名特优新农产品的特点、特色、生产阶段、物理特性及其生化指标、营养价值介绍给观众；把鲜品展示与品尝、采摘、选购等结合起来，让游客玩得舒心、吃得放心、业主称心。

三、搞好农产品流通包装和宣传

业主要结合自己生产的农产品特点，搞好产品的性能介绍，准备好精美的宣传资料，利用多媒体作好产品宣传；也要搞好不同规格类型、重量的产品包装，让游客赏心悦目，能看、能吃、还能买，自觉自愿地掏钱，无形之中把农产品销往各地，占领市场。2002 年在成都市龙泉驿区柏合镇优质梨基地，双流煎茶镇五里村无公害西瓜基地，郫县清河镇友爱村水生蔬菜繁育基地，蒲江县敦厚乡无公害蔬菜基地，新津县永商镇的“梨花溪”等都成了观光农业的圣地，以花媒“营销”春天的活动越来越受到人们的重视和喜爱，越来越多的城里人，利用参与农业活动的方式来休闲度假，并直接参与农产品的消费和流通。

只要我们按照市场经济的规律，采用产业化经营的模式，通过“公司 + 农户”、“基地 + 营销”、订单农业、观光农业等形式，“一、二、三产业互动，城乡经济相融”；用农村工业化带动农业现代化，搞好农产品的深度开发和加工；加强农村经纪人队伍建设，做好网上交易，规范农产品市场行为，不断培育和壮大以农民为主体的营销队伍，营造良好的农产品流通氛围，提高农民进入市场的组织化程度。按照上述就能构筑起优质农产品市场流通的运行框架，形成“政府调控市场，市场引导企业，企业带动农户”的运行机制，促进农业增效、农民增收。

第十一章

农产品品牌创新

四川是天府之国，农产品种类丰富，主要农产品产量一直位居全国前列，许多农产品产量位居西部省区第一，不仅满足了全省人民生活需要，而且还常年调出米、面粉、食用植物油、蔬菜、水果、茶叶、中药材等支援兄弟省、市，为全国经济发展作出了重要贡献。但是，与发达国家和东部沿海城市相比还有差距，而且最大的差距是思想观念上的差距。面对新的挑战，要大力推进四川农产品名牌发展，形成优势产业，实现农业增效，农民增收。

第一节 品牌策略

随着经济的发展，消费越来越变得多样化和个性化，消费者选购农产品也越来越注重品牌，他们喜欢购买具有较高知名度品牌的农产品。因此，企业要有品牌意识，培育强势品牌，创造差异性，提高农产品的市场竞争力。

一、品牌初论

营销专家曾经说过："未来的营销是品牌的战争——品牌互争短长的战争。"商界和投资者将认识到品牌才是公司最宝贵的资产。品牌建设是衡量企业经营水平的重要尺度，也是衡量整个产业发展水平的一个重要指标。

（一）拥有品牌就拥有市场

很多企业家都认识到，现代社会，无论是卖电脑，还是出售牙刷、水果，其中一个强有力的营销工具就是品牌。美国著名的广告专家来特·瑞特指出，在未来30年市场营销发展中，拥有市场比拥有工厂要重要，拥有市场最佳的途径就是先拥有具有市场优势的品牌。定位于高档市场上的农产品，必须创建品牌，只有知名的品牌才能承载高昂的价格，从而走高档市场渠道，被高端市场渠道认可，最终在高档市场上立足。品牌是良好的质量与服务的承诺，也是许多高端顾客群购买的依据，因此农产品生产者、销售者把握好高档市场必须拥有自主品牌，从而取信于顾客。同时面对农产品的无差异性恶性价格战，品牌也是保护优质农产品生产者利益的利器。从而也在一定程度上使农产品生产者、销售者摆脱价格战带来的困扰。在市场竞争中取得竞争优势。其次，农产品实行品牌策略在目前的农产品市场上还比较少，这可以使得生产者、销售者在推出品牌后，顾客很清晰的就可以辨认出自身的产品，品牌可以使消费者很好的记住本产品，从而被选购的机会大大提高。

（二）市场竞争转化为品牌竞争

从根本上讲，品牌就是财富所有权的象征。现在许多世界名牌如可口可乐、阿迪达斯等产品在中国的土地上加工生产，带给我们深刻的思考。

（三）产品和品牌的主要区别在于“附加值”

附加值是一种消费者难以具体描述的情感或人文价值，这些价值通过市场营销组合等要素而传递到产品中去。近年来，我国企业热衷于用降价来走品牌差异化的道路，又能走多远呢？做品牌需要的不仅是热情，更多的是理性。

（四）品牌的构成

品牌一般由三个层次构成：第一，基本层，它指的是企业产品能够满足使用者的基本需求。第二，强调的为特定顾客提供特定的需要和期望值。第三，扩展层。其实就是“附加值”，是感性的、人文的东西。我国大多数企业目前就处在这一层次。品牌是由名称、术语、标记、符号或图案等要素组合而成的，用于体现某个销售者或某种产品或服务的独特性，并使之与其他销售者的产品和服务相区别，借以促进销售的记号。品牌在市场竞争中的作用并不仅仅表现在农产品的识别功能上，虽然农产品的质量性能和企业的市场信誉能够首先通过品牌传导给消费者，但品牌尤其是品牌的功能，更多的是它的市场影响力，是它带给消费者以信心，它在带给消费者物质享受的同时，还带给消费者一定的精神享受。品牌的这种特殊功能构成了品牌农产品所特有的市场竞争力。

（五）品牌的持久性

一件产品可以被竞争对手模仿，但品牌则是独一无二的。产品容易很快过时落伍，但成功的品牌是持久不衰的。任何农产品加工企业都不能忽视品牌战略的重要性。创驰名品牌是解决农产品卖难和提高农民收入的根本途径。品牌是高价格的基础，驰名品牌会给企业带来高额利润；品牌是产品竞争优势的基础，驰名品牌具有强大的竞争力；品牌是吸引新消费者、留住老消费者的有力武器；品牌能够提高企业营销计划的执行效率；品牌是促进产品扩张，促进贸易的有力杠杆。

（六）我国的品牌意识正在形成

但在如何建立一套有效的以建立品牌为先导的营销战略，其观念和方法还比较模糊，在这方面，西方国家对品牌的认识已形成一套比较理论化、科学化的体系，是值得我们学习和借鉴的。

（七）我国企业的品牌之路

最重要的是我们要步入一条理性的轨道，改变目前推广品牌所走入的重知名度而轻品牌内涵的误区，从建立产品品质认知度、品牌联想、品牌忠诚和品牌延伸等方面做起，我们还有许多要做的，品牌的神坛就离我们并不遥远。

二、品牌决策

（一）农产品品牌决策

1. 是否给农产品设计品牌或创立品牌，即品牌化决策；

2. 决定用谁的品牌，即品牌使用者决策；

3. 决定品牌的质量水平，即品牌质量决策；

4. 使用多少个品牌，即家族品牌决策；

5. 品牌扩展决策与品牌重新定位决策。

（二）农产品品牌创建的主要内容

1. 以名创牌　对市场竞争力强的优势产品实行商标注册，创牌既是为了宣传，扩大影响，同时也是为了保护品牌；

2. 以质创牌　严格按照质量标准生产、提高产品品位；

3. 包装创牌　美化农产品外表；

4. 加大创牌宣传力度，树立良好品牌形象；

5. 除了企业和农民自身的宣传外，地方政府也要积极做好特色农产品的宣传，扩大知名度，提高市场占有率；

6. 做好名牌保护工作　提高商标意识，提高品牌质量，注重品牌保护，实施名牌战略，就要树立名牌观念，树立让中国名牌走向世界的雄心壮志，打造农产品名牌，搞好名牌开发和推广，创立新的名牌，形成竞争优势，不断提高农产品的经济效益。

下面我们重点分析如何创立品牌，实施优质农产品品牌决策战略，可概括为“一创、二标、三推、四维”。

第二节 创立品牌

党和国家提出了实施西部大开发的战略，作出了“大力发展无公害农产品、绿色食品和有机食品，建立健全认证、标志和公示制度，尽快使优质、安全的农产品形成品牌”等一系列指示精神，为四川农产品名牌的发展提供了难得的历史机遇。经过多年来的结构调整，四川省已经形成了一批具有区域特色的农产品生产基地。但是名牌农产品并不多，规模小，竞争力弱，知名度不高，传统农业、粗放经营的问题突出。实施名牌战略，就要树立名牌观念，树立让中国名牌走向世界的雄心壮志，打造四川农产品名牌，搞好名牌开发和推广，创立新的名牌，形成竞争优势，不断提高农产品的经济效益。

一、制定科学合理的名牌产品发展总体规划

要结合各地的自然环境条件、比较优势，瞄准国内、国际市场，制定切实可行的发展方案，发展名牌产品。

二、遵循以质为本，以优取胜的发展规律

质量是农产品的生命，对名牌产品来说，质量更是重中之重。创名牌产品要始终坚持“五个第一”的原则，即质量第一，规模（销售）第一，服务第一，信誉

第一，效益第一。

三、要坚持科技创新

新的发展，要依靠不断地改革和创新。创新是创立名牌产品的根本动力和途径。大力推进农业技术创新和科技体制创新，要思维创新，科技创新，技术创新，机制创新，产品创新。重点扶持具有一定优势的科技创新主体，建设一批高水平的农业科技园区。只有抓住产业创新的理念不放，使自己的产品不断有新品种出现，永不落后，才能促进农业产业结构的调整，走农业产业化之路，农业和农村经济才会有新的发展。

四、创立和发展名牌

要有超前意识，大力培育和发展龙头企业、支柱产业、支柱市场、支柱科研和支柱产品。抓住农产品的内质、外观、色泽、包装、品牌、运输、销售、储藏、产地、成本等因素，一个问题一个问题地研究对策，整体推进；培育和研发新品种，做到步步领先，时时领先，招招领先，创立名牌，才能年年领先，把名牌农产品的发展推向一个新阶段。

第三节 标准生产

长期以来，我国农产品的生产都处于自由、分散、盲目状态，给农产品名牌开发、培育、管理和利用，以及运作机制都带来很大困难。主要表现在：质量标准难统一，技术措施难配套，标准化管理难到位，包装物管理难规范等；分散地农民经营主体直接面对市场，势单力薄，受眼前利益的驱使，很容易出现不规范的市场行为。所以，要逐步建立起各种约束机制和保障机制，改变千百年来的传统生产习惯，按照农产品的技术标准和生产规程，进行标准化生产，创立农产品名牌，实现农产品的最大市场化、商品化，才能获取农产品的自身价值和最大利润。

一、要积极营造发展名牌农产品的氛围

按照绿色食品、无公害农产品生产的要求，加强农业质量安全体系建设，逐步建立健全起科学、完备的农产品质量标准体系。利用各种新闻媒体，对名牌产品的生产和典型进行专题报道，跟踪采访，增强农产品安全质量意识，创造名牌产品发展的最佳环境。

二、按照优质农产品的标准组织生产

按照不同种类的农产品标准，组织生产加工，从土壤改良、整地、品种选择、播种、移栽、浇水、施肥、防病治虫、修枝、疏果、套袋、采摘、分级、加工、包装、运输、销售等，都严格坚持无公害农产品的标准进行生产，按照规程使用农药、化肥，利用天敌制约害虫，形成良好的生态环境，把握好每一个生产环节，争创名牌，逐步改变农产品无标生产、无标上市、无标流通的落后状态。

三、严格农产品检验制度

逐步实行从农田到餐桌的全过程监测。按照农产品质量安全监测体系的要求，加强对农产品产地环境、投放肥料、农药等的监测；实行产品分类分等抽查，搞好分等分级，分类包装；建立市场自检制度，认真开展检测工作，严格市场准入制度；加强同产地的联系，净化进货渠道，对于名牌产品，给予免检和市场管理等方面的优待，促进其优质优价。

第四节 推向市场

农业是一个弱势产业，千家万户的农民经营主体，难以应对千变万化的大市场。农产品难卖，价低，效益差，农产品加工增值链条短，科技含量低。据专家测算，价值 1 元的农产品经加工处理后，在美国可增值 3.72 元，我国仅为 0.38 元。发达国家农产品加工产值之比为 2.0 ~ 3.7 : 1 以上，我国只有 0.43 : 1。发达国家水果采摘后，商品化处理几乎达到 100%，而我国包括简单手工分级在内的商品化处理还不到产量的 1%。发达国家经过深加工的肉类占本国产量的 30%，有的达到 70%，市场上几乎都是经过初加工或深加工的肉类，而我国还不到 5%，多达 90% 的肉类未经过任何处理就直接上市或出口。这就不难理解，国外的农产品进入我国超市，它们的身价要比国内农产品高得多，最关键的就是它们有一个好的品牌。要打造好四川农产品的名牌，需要做好各方面的工作。

一、抓服务工作

政府部门在抓好农产品安全生产的同时，应该把农产品加工增值、市场流通、媒体宣传作为重要工作来抓。以市场为导向，做好农业产业结构调整和规划；以农业产业化为载体，搞好特色农业和支柱产业的发展。做好市场调查，掌握市场容量，发展趋势和动态；构建社会化服务体系，鼓励诚实守信，合法经营和谋利；在质量标准、新品种、新技术研究与推广、专业市场、信息交流、市场流通、产品宣传和销售季节服务等方面，为农产品的增值打造发展平台。

二、抓好专业协会的工作

四川省截止 2002 年已有农村专业合作社 1324 个。按产业划分，有以棉花、茶叶、海椒、香菇、银耳、水果等为主的种植业专业合作社 694 个；以生猪、鸡、鸭、羊等为特色的养殖业专业合作社 197 个；另有农资专业合作社 605 个。入社成员共 22. 4 万户，每个专业社带动农户 150 户以上。专业协会可以做政府不便做、农民急需做的事。协会可以通过一个好的农产品品牌，打破地域界线，将分散的农户组织起来，共同与国内外大市场对话，形成强劲的竞争优势。

三、抓好龙头企业的工作

龙头企业做分散农户做不到的事，走“公司 + 农户”、“公司＋基地”的模式，千家万户按照标准化生产的农产品，进行增值再加工，商品化处理后，再依靠龙头企业公司，推向市场，使农民随着企业领到走向市场的通行证，并在企业的羽翼下抵御市场风险，通过加工营销利益把千家万户紧紧联结在一起，形成利益共享，风险共担的利益共同体，抗御市场风险。

四、抓好新闻媒体宣传

好酒也怕巷子深，名牌产品也要走出去。新型精明的企业或业主，要善于塑造自己的形象，抓住各种机遇，利用媒体，展览图片、文字资料，声像宣传等，赢得人们对产品的青睐，最终实现农产品的高附加值、高效益。

第五节 维护权誉

四川省农产品缺乏品牌意识，市场意识差，且营销网络和售后服务也不健全，缺乏市场竞争力。在2001年中国国际农业博览会上，四川省推荐名牌产品仅138个，被农业部认定名牌产品仅38个，与其他省区相比，差距很大。因此需要做的工作很多。

一、要增强商标意识

农产品要有一个好的品牌名称和醒目易识的品牌标志，应该体现以下几个方面：要与农产品特性相符，具有产品联想功能。如："李大姐牦牛肉"、"珍珠米"、"金牛"畜牧；要具有独特性；能够清楚地传达产品；易读、醒目易记，给人印象深刻；尽量少用笼统的产地品牌。四川省没有像广东、上海、浙江等地区那样的著名品牌群，商标的整体竞争力不强。在名牌产品，进行商标注册、塑造好自己的形象，用法律武器维护好自己的合法权益等方面重视不够。如一曲《康定情歌》让康定名扬五湖四海。原"张大哥牦牛肉干"，品质很好，销路火爆，属较早的名牌产品，但由于生产厂商缺乏商标意识，没有及时到工商部门注册登记，被简阳某厂抢先注册了该品牌，正宗的"张大哥牦牛肉干"则被工商部门通知停产，成为被查禁的侵权产品，经济效益损失惨重，无奈之下，康定厂商与简阳厂商协商，花巨资重新购回"张大哥牦牛肉干"的品牌，重振旗鼓，投入生产，现在"张大哥牦牛肉干"已经是四川乃至全国的知名品牌，产销两旺，效益不错。

二、要增强名牌意识

长期以来，农民生产农产品，既无标准，又无品牌，生产什么，就卖什么，品牌意识淡薄，观念陈旧，没有意识到品牌、名牌的价值。品牌就是效益，一个好的品牌能带动一批产业。南江大叶茶、泸州凤羽茶被评为名牌产品后，销售火爆，效益倍增。泸州龙马潭罗沙贡米在"1999 中国国际农业博览会"上被评为名牌产品后，产量、规模、效益都翻了几番，已成为泸州市的农业产业龙头企业。提高商标意识，积累品牌质量，注重品牌保护。龙头企业一方面应对自己的品牌进行商标注册，求得法律保护；另一方面应加强内部管理，提高产品信誉，提高产品质量，珍惜和维护品牌信誉。加强品牌推广和扩展，树立品牌形象，积累品牌知名度和品牌认知度。龙头企业在宣传推广品牌的过程中，要特别注重品牌形象的一致性，树立品牌的独特性，形成强势品牌，积累品牌资产。

三、要维护名牌优势

要维护名牌优势，就要加大名牌产品的科研力度，推陈出新。抓好优良品种的引进、培育和推广，加快品种更新换代及品种储备工作；充分发挥县、乡农业科技体系的作用，搞好农民科技培训、建立多渠道、多层次、多形式的农民技术培训体系，提高农民的科技文化素质和致富本领；确保名牌产品品种资源，做好提纯复壮工作。农产品不同于工业产品，有些品种在不同生态环境条件下，有自然退化和变异现象发生。对于名牌产品的品种资源，科研院所和有关部门都要从人力、物力、财力上给予支持和关注，搞好提纯复壮工作，确保名牌产品品种资源万无一失。

四、农产品品牌管理

农产品品牌管理是通过创立一个好的品牌，培育品牌、扩张品牌和保护品牌，奠定农产品品牌优势，塑造驰名品牌，积累品牌资产。品牌资产的构成要素包括品牌知名度、品牌认知度、品牌忠诚度与品牌联想及其他资产。品牌管理过程实质是一个就品牌资产的各个方面的内容进行有步骤地规划和创新的过程，其根本目的是塑造高资产的品牌。品牌资产主要体现在：(1) 品牌是高价格的基础，驰名品牌会给企业带来高额利润；(2) 品牌是产品竞争优势的基础，驰名品牌具有强大的竞争力；(3) 品牌是吸引新消费者、留住老消费者的有力武器；(4) 品牌能够提高企业营销计划的执行效率；(5) 品牌是促进产品扩张，促进贸易的有力杠杆。创驰名品牌是解决农产品卖难和提高农民收入的根本途径。

五、加强市场监管

加强市场监督检查，整顿规范农资市场秩序，对假冒伪劣名牌产品、无公害农产品、绿色食品等违法行为，严厉打击；对假冒、盗用名牌产品名誉和经营假冒名牌产品的厂家、客商依法查处，维护名牌产品的合法权益和信誉，促进农民增收和四川农业的跨越式发展。

第十二章

无公害农产品营销

近年来，四川省无公害农产品、绿色食品都有了较大的发展，对促进农业增产、农民增收，发挥了积极的作用。为了进一步树立和落实科学发展观，发挥农业资源的区域优势，大力发展劳动密集型农产品生产，适应加入 WTO 后，农业发展的新形式，加快农业的市场化进程和更大地开放国内市场，积极参与国际竞争，把有竞争力的农产品推向世界。因此，我们要不断总结推广先进经验，提高科学决策水平，大力推进无公害农产品事业的发展，增加农民收入，提高人民生活质量。

第一节 无公害农产品的现状

树立和落实科学发展观，必须着眼于提高无公害农产品的质量和经济效益，努力实现速度和结构、质量、效益相统一，经济发展和产品、资源、环境相协调，不断保护和增强发展的可持续性。

一、无公害农产品的种类、数量和质量

（一）种类

四川省于2001年正式启动了无公害农产品工作，无公害农产品的主要种类有水果、蔬菜、茶叶、食用菌、粮食、油料、豆类、棉花、中药材、烟叶、甘蔗、花卉和麻类等，约上千个品种。

（二）数量

根据了解，2003年四川省推广国标三级以上优质稻面积1550.0万亩，占水稻种植面积的53.6%，“双低”优质油菜749.0万亩，占油菜种植面积的62.0%，优质专用小麦67万亩，啤酒大麦12.8万亩，优质饲用玉米266.0万亩，比上年增加103万亩。无公害农产品开始向优势产业区集中，农业发展区域化布局和专业化分工初见端倪。比如：成都平原、攀枝花安宁河流域和川南500万亩优质稻；成都平原300万亩“双低”油菜产业带；泸州、宜宾长江沿岸和攀枝花、凉山金沙江河谷地带100万亩甜橙产业带；双流、龙泉驿、仁寿等龙泉山脉地区50万亩优质枇杷产业带；峨眉山、马边、沐川、夹江、洪雅、雨城、名山、邛崃、蒲江等川西40万亩优质茶叶产业带；彭州、广汉等20万亩无公害蔬菜生产基地；广汉市10万亩油橄榄、10万亩茶叶、80万亩中药材（川明参3万亩）、50万亩蔬菜；苍溪10万亩猕猴桃，40万亩雪梨生产基地；南充蔬菜和水果生产形成“一乡一品”和“一县一品”；通江银耳、南江云顶茶，平昌江口醇、小角楼，巴州川明参、南江金银花等深受国内外客商的青睐；西昌花卉种苗（球），鲜切花和成

都川派盆景，绿色苗木规模不断扩大，前景广阔。截止2003年底，四川省已认定无公害农产品生产基地453个，面积919万亩，无公害农产品577个。认定推荐无公害农产品生产施用肥料31个，推荐第二批用于无公害农产品生产的农药品种37个。

（三）质量

四川省地域广阔，立体气候明显，物种资源丰富，无公害农产品内质好。优质果比重达37.0%，名优茶比重达34.9%，优质菜达30.2%，一批“洋”菜陆续进入城乡农贸市场。已建立了总面积达100万亩的无农药污染农产品（IPM）示范园区。截止2007年底，全省已有165家企业的687个产品获得绿色食品标志使用权，绿色食品产品涵盖了粮食及粮食制品、油料、水果、蔬菜、茶叶、酒类、饮料、牛奶及乳制品、肉类等9大类57种产品。全省绿色食品总产量达到142万吨，销售总额75亿元，出口额近3000万美元。洪雅实施绿色食品发展战略，全县有效使用绿色食品标志的产品达17个，产量近1万吨，产值约1.1亿元。全省有峨眉山市、名山县、彭州市、金堂县、龙泉驿区6个部级无公害农产品示范基地县（区），农产品的安全和质量越来越受到各方面的关心和重视，无公害农产品和绿色食品发展势头强劲。

二、无公害农产品的优势

（一）资源优势

四川省的地理、环境、气候呈多样性分布，有得天独厚的优越条件，地下水质，灌溉水质、大气质量等方面都符合发展无公害农产品生产要求，四川农作物品种、动植物资源十分丰富。蔬菜栽培品种达300余个，果树种植资源1000余个。高等植物10000余种。国家珍稀濒危保护植物82种。木本植物300余种，各类野生经济植物5500种以上，其中药用植物4600余种，油脂植物300余种。野生菌类资源40科，214属，1291种。四川已形成了一批具有区域特色的农产品品种和生产基地。

（二）品种优势

经过多年的培育，四川省已形成了一批具有发展潜力的优良品种。特别是三州和盆周山区、部分丘陵地区和城市远郊区，小区气候明显，无污染，山清水秀，土壤质地优良，农产品质量好，品质优，是发展无公害农产品最理想的区域。比如：泸州罗沙贡米、昌米011、翡翠米、天香米、东宝贡米，金堂蒜薹、莴笋、食用菌，彭州、广汉、南溪的蔬菜，龙泉驿水果，仁寿枇杷，荣县、青神椪柑，眉山、江安、雷波、金堂、邻水、宁南的脐橙，苍溪、都江堰猕猴桃；汉源、金川、苍溪的雪梨；安岳柠檬、通贤柚，广安龙安柚，峨眉山“竹叶青”茶，名山蒙顶“黄芽”茶、“石花”茶、“甘露”茶，万源“巴山雀舌”茶，宜宾“早白尖”茶，荣县“龙都香茗”茶，南江大叶茶；泸州晚熟龙眼、荔枝，江安夏橙，盐源、茂汶的苹果，会理石榴，蓬安锦橙，攀枝花晚熟芒果，双流、龙泉驿草莓，攀枝花、汶川、理县的反季节蔬菜，金堂、什邡、峨眉山的食用菌，通江银耳、黑木耳，中江丹参，成都川芎，江油附子，三台麦冬，南江金银花，平武、北川天麻，汉源花椒、芸豆、黄果柑，罗江、汉源金花梨，甘孜青稞、青豌豆、雪山大豆、野生食用菌、名贵中药材，北川野菜等久负盛名，品质优异，声名远播，深得消费者的青睐。四川省在农产品资源、区域气候、生态环境、立体发展空间、产品发展规模、基地建设、科技支撑和营销手段等方面，都具有大力发展无公害农产品的诸多优势，具备了良好的发展条件。

三、农产品的劣势

四川省农产品虽然产量多，品质好，但市场竞争力差。其主要原因是：

（一）农产品标准化程度低

很多农产品还处于自然生产状态，规模化、集中化生产程度低；产品量多而不精，主导产品不突出或体现不出特色，生产基地建设不完善，不规范、不集中；农产品数量、质量提升缓慢；社会乱引乱调现象突出，农产品标准化生产还难以落实，市场竞争力弱。四川省菜地基础建设差，抗灾能力弱，生产规模小，综合效益低，单产一直在1.6~1.8吨/亩徘徊，低于全国2.0吨/亩的平均水平，远落后于山东等省（2.0吨/亩），与四川省区域优势和产业地位极不相称。

（二）农产品深加工水平低

四川省市场上销售的大多数农产品都是鲜活产品，散装、散卖，既无包装又无卖相；贮藏加工设施差，机械化程度低，科技转化和信息处理不及时，农产品深度加工滞后，规模小，产量少，档次低，制约了农产品质量的攀升、知名度的提高和市场占有率。

（三）营销市场受到挑战

四川省果蔬产业虽有一定基础，但发展后劲不足。南北各省、市蔬菜业的迅猛发展，给四川省果蔬销售带来严峻挑战。以海南省为代表的华南地区，有独特的天然优势和成本优势，影响四川省冬春菜的发展；以山东省为代表的华北地区，大力发展节能日光温室，以规模优势，抢占四川省冬春外销市场。

（四）商品化程度低

四川省名优农产品虽然远销全国各地，但外运的数量相对较少，绝大部分是内销，自产自用，多数地区规模化程度不高，商品率低。川东北地区商品率仅30%～40%。龙头企业少，带动能力弱。产后加工、储藏保鲜等环节十分薄弱，加工量不足总量的5%，且加工产品档次不高，多以手工作坊的盐渍菜为主，影响产业的发展和产品的提效增值；有些地区种植的果蔬还因交通不便，根本无法卖出，连成本都无法收回。既使部分产品在大中城市售出，也因成本过高、利润很低无竞争力。无公害农产品在全省各地还未被大家所认识，缺少专卖店；市场流通不畅，生产成本高；规模小，商品量少，优质不优价，生产者无积极性。

第二节 无公害农产品面临的困难和问题

树立和落实科学发展观，必须坚持实事求是，以人为本，因地制宜、因时制宜，把科学发展观的要求贯穿于无公害农产品生产的各个阶段。

一、观念障碍

一是各级领导虽然很重视发展无公害农产品，但还缺少对无公害农产品的全面认识，对国内外市场的变化不够了解，思想观念还有差距，缺乏超前意识，工作力度不大；又苦于财政压力，对发展无公害农产品的力度还不够，雷声大，雨点小，有的地方流于形式。

二是发展无公害农产品舆论宣传不够，社会缺少认同感。生产者、经营者和消费者对无公害农产品认识各持己见，有的目光短浅，只陶醉于当前生产的农产品还卖得出去而满足。

三是生产者还没有尝到无公害农产品价格优势的甜头，投入多、产量低，增值转化率差，收益不明显，致使无公害农产品发展缓慢。

二、市场障碍

一是消费氛围没有形成，无公害农产品遇尴尬。消费者对无公害知识欠缺，对农产品的内在质量安全意识淡薄，对农产品有无公害不太关心。

二是无公害农产品规模小，投入成本高，生产者、经营者担心优质能否优价，消费者担心价高是否质优。

三是各地几乎还未建立起无公害农产品专销市场或专营店，有的地方信息不灵，交通不便；有的营销队伍不健全，营销人员素质低，制约了农产品的销售进程，增大了农民的营销风险，也影响了无公害农产品的发展。

三、机制障碍

（一）机制不活，组织化程度不高

农业生产涉及千家万户，劳动者素质有高有低。一些生产者，对农产品安全缺乏认识，使无公害农产品生产技术很难统一贯彻执行，缺少统一管理，农产品质量难以保证。

（二）农业投入品的质量不高，监管难

农业生产资料，特别是农药的生产与管理是无公害农产品生产发展的决定因素。国外早已淘汰的农业投入品，我们有的地方还在使用，甚至是含有高毒、剧毒、高残留的农药。我国不同作物要求使用的农药、肥料等品种又有不同，由于农户观念意识及知识水平的差异，更增大了投入品的监管难度。

（三）产地环境、人文环境有待改善

发展无公害农产品是一项系统的农业生产工程，需要宽松的人文环境和良好的产地环境以及健康的、科学的创新机制。四川省有部分无公害农产品产地还有农药

残留、亚硝酸盐、激素、重金属、大气污染物超标等问题，有待花大力气治理，才能使生产出的农产品符合国家标准。

（四）建设资金不足，市场准入难度大

无公害农产品生产示范基地建设任务重，基本农田建设、信息、科技培训、检验检测、市场体系、无公害品种的引进试验、示范、设施建设、宣传报道、工作经费等都需要大量资金。目前，各级政府资金投入有限，有些工作难以开展。对无公害农产品生产管理体系和产前、产后涉及的内容也有待完善，加之农产品市场散乱、无序，经营人员素质参差不齐，使市场准入制度推行困难重重。

第三节 无公害农产品的生产

树立和落实科学发展观，必须坚持全面、协调、可持续发展的观点，对无公害农产品的发展，要大胆探索，积极创新，制定标准，建立基地，创立品牌，强化管理，开拓市场，提高效益。

一、制定标准

标准是质量的前提、基础和保障，无标准生产的产品难以保证优质、无公害。要按照国际标准和国家标准，结合农产品质量监管的需要，在制定的标准基础上，省、市、县都要加快农产品质量标准的制定和修订工作。实现产前、产中和产后标准的配套，尽快建立起符合省情的质量标准体系。重点加快农产品产地环境、生产技术规范和产品质量安全标准制定，使主要农产品生产、加工、储藏、包装、保鲜和销售等方面的质量标准基本配套，农产品生产经营的各个环节都要有标准可供遵循。充分发挥农业标准在组织生产、评价质量、规范流通、指导消费、促进出口和引导科研方面的积极作用。各级地方政府要加快地方特色产品和技术规程的制定工作，保证生产过程“有标可依”，流通过程“有标可循”。各级政府和农业部门要指导农产品生产者和经营者严格按照标准组织生产和加工，搞好市场营销。同时，利用各种媒体加强标准的宣传、培训和推广工作，增强全社会的农业标准化意识。

二、建立基地

无公害农产品的生产和消费是一个渐进的过程，需要政策和社会的扶持、引导和促进。

（一）狠抓示范片工作

各地要实行严格的行政、技术责任制。按照统一制定的技术规程，执行统一的技术措施，对示范片农户实行建卡生产、编组管理。每户农户在生产过程中都要如实填写施肥及用药的时间、种类、数量等情况，以便抽查，对不合要求的农户及时纠正，甚至取消生产资格；十户为一个生产小组，相互监督是否按照技术措施进行田间管理，产品上市前进行随机抽样检测，若有一户不合格，株连其余九户不能使用无公害农产品标志，无公害农产品经营单位也不能销售该类产品。

（二）以龙头企业为依托，推进无公害农产品产业化经营

把发展无公害农产品同发展农业产业化结合起来，按照“合同＋基地＋科技”的农业产业化运作模式，抓好龙头企业建设，由产业化龙头企业通过基地带农户，规范农民的生产行为，严格标准化操作，让农民自觉地按照公司的要求组织生产。龙头企业根据市场要求，抓好无公害农产品的市场营销策划，创立品牌，打造精品。

（三）要充分利用资源优势，建立无公害农产品基地

按照科学、规范、合理的原则，从品种、品质、品牌、区域上下工夫，充分合理地利用各地的光、热、水土等自然资源，建立具有优势的无公害农产品生产基地；同时要加大生产基地水、土、气管理和外源污染物、农业投入品的监测，严格控制工业“三废”和城市生活垃圾的污染，净化农业生态环境，从源头上把好农产品质量安全关，把基地建成安全、稳产、高产农田。

三、打造品牌

品牌是一个产品的生命。品牌就是效益，一个好的品牌能带动一批产业。四川省有许多品种优良、品质优异的农产品，由于没有好的品牌，至今规模小，效益差。无公害农产品中至今还很少有叫得响的品牌。

（一）增强品牌意识

各地要加强领导，增强认识，制定品牌战略，树立品牌观念，只要有好的品牌，就会有好的效益。无公害农产品都要有自己的品牌，没有条件的要积极创新，创立自己的品牌。

（二）打造品牌

要抓住农产品的内质、外观、色泽、加工、储藏、包装、运输、销售、产地、成本等因素，研究相应的对策，整体推进，争创品牌，提高无公害农产品的知名度。四川省名优农产品中已有一批自己的品牌，如："会理石榴"，"蒙顶"牌蒙顶黄芽、甘露茶，"江口醇"牌江口醇系列酒，"竹叶青"牌竹叶青茶叶，"龙都"牌龙都香茗，"康美诗"牌干红葡萄酒，"谷之源"绿色生态大米，"野孩儿"黄金果酒等名优农产品都有较高知名度的品牌，为广大消费者所青睐。

（三）保护品牌

对无公害农产品品牌要加大保护力度，抓好无公害农产品优良品种的引进、培育和推广，加快品种更新换代及技术储备工作，确保名牌产品的领先优势。同时，要加强市场监管，强化市场监督检查，对假冒伪劣产品进行严厉打击，维护无公害农产品和名优农产品的合法权益。

第四节　无公害农产品的管理

发展无公害农产品生产功在当代，利在千秋。管理出质量，管理出产品，管理出效益。今后，我们要以提高无公害农产品质量安全水平为中心，对农产品实施田间到餐桌的全过程监控，通过几年的努力，使农产品质量安全水平有一个较大的提高，具有较强的竞争力。

一、加强农业投入品的管理

各级政府和农业主管部门，要采取切实有效的措施，加强对化肥、农药等农业投入品的管理。按照《农药管理条例》等有关法规，尽快建立健全农业投入品市场准入制度，严格种子、化肥、农药等市场准入条件，定期向社会公布禁用、限用和推荐的农业投入品目录，力求科学合理地使用农业投入品。鼓励生产者使用生物农药，提倡使用有机肥，推广抗病性、丰产性好的品种。逐步采用统一采购、统一供应重要农业投入品。这样既可降低生产成本，又便于加强管理，切实减少有毒有害物质的残留。

二、加强生产过程的管理

着重加强国家标准、地方标准和生产技术规程的宣传、贯彻、落实力度。充分发挥现有农业技术推广体系的作用，加强无公害农产品生产综合配套技术服务，严格按照无公害农产品生产技术规程和质量标准组织生产。搞好技术培训，普及无公害生产技术，净化农资市场，提供物质保障。

三、加强包装标志管理

对无公害农产品生产基地的产品实行统一的绿色包装标志管理，根据不同农产品的特点推行产品分级和产地标志制度，在产品的外形包装上与其他农产品严格区分开。积极协调各方工作，制定无公害农产品运输免收过路过桥费等优惠政策。建议通过交通主管部门或交通主管部门和无公害农产品领导小组办公室联合发放无公害农产品“绿色通道”通行证，降低流通成本，节约流通时间，调动无公害农产品生产者、经营者的积极性，提高无公害农产品的市场占有率。

四、加强法规建设

根据农产品质量安全管理和无公害农产品发展要求，尽快出台《四川省无公害农产品管理办法》，着手制定《四川省农产品质量安全管理条例》和《四川省农业环境保护条例》，修订与发展无公害农产品不相适应的地方性规章，为无公害生产和农产品质量安全管理提供法律支持。加大对无公害农产品有关政策、法规、标准技术的宣传，提高人民群众的农产品质量安全意识，形成全社会关心、支持无公害农产品发展的浓厚氛围。

五、加强专项资金的扶持和监管力度

发展无公害农产品涉及面广，公益性强，任务十分艰巨，作为政府行为，应该加强领导，健全工作机构，配备精干的工作班子。省、市、县各级都应把发展无公害农产品列入财政预算，加大资金投入和政策扶持力度，做到专款专用，强化资金管理，搞好资金审计，提高资金使用效率。创造发展无公害农产品的良好外部环境，调动企业和合作经济组织生产经营无公害农产品的积极性。积极鼓励、支持企业和基地农户投资发展无公害农产品。金融、税务、工商要在贷款、减税、办理营业执照等方面给予优惠和支持。

第五节　无公害农产品市场建设

农产品能否卖一个好价钱，关键是看有无市场。产品内质好，品牌响，市场占有率高，销路就好，回报率就高。无公害农产品的发展离不开市场，要以市场为导向，以销定产，以质促销，产销互动，增产增收。

一、加快市场信息体系建设

各地要充分利用现代多媒体信息技术，发布、宣传农业质量标准体系建设信息，销售无公害农产品。尽快建立健全产地县、乡龙头企业，种、养殖业大户，中心示范户的农产品、市场信息网络。沟通与省、市、县农业行政主管部门间，大中城市优质农产品市场间的信息，使信息流上下贯通，流动自如。逐步完善信息收集和发布制度，充分利用电子网络技术，及时准确地向农民提供无公害农产品投资信息、价格信息、生产信息、库存信息，以及中长期市场预测分析等，指导农民在网上交易，使农产品市场信息网络成为政府引导农民调整结构，发展无公害农产品的重要手段。

二、加快市场流通建设

（一）组建销售合作组织

按照无公害农产品的销售规律，组建产地营销协会（公司）承揽当地无公害农产品和特色农产品的运输、销售任务。积极扶持和发展专业技术协会、流通协会等农村专业合作经济组织和经纪人队伍，将分散经营的农户或业主，通过“订单农业”等形式，实现自我服务，行为自律，规范操作，统一开拓市场和维护权益。

（二）建立营销代表制度

在无公害农产品销售季节，各主产地要搞好挂牌、包装、贴标等销售工作，同时还要派出农民信息员或销售代表，及时了解各市场行情，指导定价，适度调节数量，刺激消费；同时协调瓜农、菜农、果农以及其他农民营销商的矛盾，把名优农产品推向市场。

（三）大力培养营销人才

要按照市场经济的要求，大力扶持物流运输人才，市场营销人才，培养农民经纪人，运销大户，市场销售服务员，造就一支蓬勃生机的市场营销队伍。

三、加快专销市场建设

各地要积极争取当地政府和有关部门的支持，在现有农产品批发、零售市场内开辟无公害农产品专销区，在大型超市开辟无公害农产品销售专柜，实行优质优价，鼓励、扶持产业化龙头企业和知名品牌企业，开辟无公害农产品专卖店和配送中心。部、省定点市场要率先垂范，建立质量安全检测站和产品检测信息公示制度，开展市场抽检，并采取适当的方式，公示检测结果。市场准入试点城市要积极探索无公害农产品市场准入的路子，成立无公害农产品认证委员会。组建专业性农产品质量安全认证机构，加强无公害农产品生产基地和产品标志认证工作，建立农产品质量安全承诺制度和追溯制度，积极引入现代营销方式和流通组织形式。大力推进产销一体化，积极发展直供、配送，连锁经营等多种形式，降低经营成本，提高无公害农产品的上市率。充分利用好两个资本市场，开拓好两个产品市场，大力调整农业结构，提高农产品质量。按照政府引导，业主运作；多方投资，加大开发；标准生产，创建品牌；科技支撑，法制保障；建立和完善无公害农产品标准体系，检测体系，市场体系，执法体系等五大体系，增强无公害农产品生产、消费意识，强力推进无公害农产品生产。发展绿色食品和有机食品，四川农业是大有作为的。

第十三章 农产品国际市场营销

在现代市场经济中，全球经济一体化的趋势明显，各国企业纷纷把注意力转向国际市场，到国际市场去寻找发展商机。国际市场作为国内市场的延伸，已经成为各跨国公司企业营销的重要目标。我国有实力的农产品大集团公司已经向国外发展，我们要加强对农产品国际市场的研究，提高我国农产品在国际市场的占有率和竞争力。

第一节　农产品国际营销环境分析

国际营销环境是指影响和制约经营者国际营销活动的一切因素。具体包括各国的经济、社会文化、政治法律、竞争等因素。这些因素对产品的影响，或是提供发展机会，或是构成威胁。经营者是否从事国际市场营销活动，必须审慎地分析，恰当地把真正的市场机会变成发展机会。经营者面临威胁，要善于选择适当对策，反抗、减轻、避免和转移，时刻注意提高应变能力，及时调整市场营销策略，以达到经营目标，争取较大经济回报。

一、国际经济环境的影响

主要有各国的经济发展水平、人口结构、收入水平等的不同，对国际市场营销会产生不同的影响。

（一）各国不同的经济发展水平的影响

低收入的国家对商品档次的要求不高，质量要求也不高，而对产品的耐用性要求高；中收入的国家对商品档次的要求提高，发达的工业化国家，家庭收入高，生活水平也高，对商品档次要求高，要进入这些国家的产品市场，必须扩大现有市场的占有率，积极创新，开发新产品，抢占商机，开辟新市场。

（二）人口因素的影响

人口多，市场的规模就大。人口年龄结构对消费市场的影响也大。农村和城市的消费水平和差别较大，要密切注意城市人口和农村人口的流向和发展趋势。

（三）人均收入的影响

收入是决定市场购买力的主要因素，人均收入水平越高，消费者用于购买日常生活用品的费用就高，对商品档次要求也高。

二、国际政治环境的影响

经济与政治是连体婴儿，两者是分不开的，企业进入国际市场前，必须了解国际政情。一是要了解目标市场的社会性质、政治体制和方针政策，估计一下进入该市场的前景。二是要了解目标市场的政治稳定性和长期性，这对市场营销会带来直接影响。三是要了解政府对经济的干预程度如何。四是要了解对我国的经济往来重视程度如何和与我国的关系如何，对产品营销是有帮助的。

三、国际法律环境的影响

农产品要进入国际市场，必然受到国际法律和目标国法律环境的约束，包括本国法律、国际法、介入国法律。不同国家所规定的法规不同，经营者只有熟悉和适应，才能进入该国市场。一是关税壁垒。就是用提高关税的办法，以阻止、限制外国商品进口，削减其竞争力，从而保护同国内市场。二是非关税壁垒。就是在法律上和行政上采取限制进口子、的各种措施，限制进口。三是外汇管制。一些国家由于国际收支逆差严重，外汇，黄金储备短缺，政府就实行外汇管制。四是立法。通过经济立法，有的是为了保护竞争，有的是为了保护社会利益，有的是为了保护消费者。

四、国际社会文化环境的影响

各国的风俗习惯、教育水平、语言文字、宗教信仰和价值观念等文化背景不同，导致对同一产品会产生不同的态度。营销人员对由于文化因素而形成的消费习惯、消费心理必须加以适应，投其所好，避其所忌，才能使生意做活。

五、国际市场竞争环境的影响

国际市场竞争表现为一种有保护的竞争，因为各国政府必然会用各种方式干预竞争格局，目的是以竞争作为获取本国经济利益的主要手段，它不是消灭竞争，而是强化竞争。国际市场的竞争主要有成本型、品种型和专业型三种。参与国际市场竞争的形式有平行竞争、产品方式的竞争和企业竞争三种。在国际市场竞争中，机会与挑战同在，企业要捕捉机会、避免风险、必须了解环境，适应环境，才能获得成功。

第二节　农产品国际营销组合策略

营销组合策略是指企业针对目标市场，对可采用的各种营销策略进行优化组合的综合策略。因营销活动的范围不同，营销组合策略可分为国际营销组合策略和国内营销策略。

一、国际营销组合策略

国际营销活动不同于国内营销活动，它具有自己的特殊性。首先，国际营销活动是一种“交叉文化”的营销活动。由于各国不同的经济发展程度、不同的语言和价值体系、不同的政治法律制度，使得国际营销与国内营销处在完全不同的环境因素中。例如：飞利浦公司针对日本人的厨房比较狭小、身材不高、手比较小的特点，缩小了咖啡壶和剃须刀的尺寸后才开始在日本市场盈利。其次，外贸企业面临的风险比进行国内贸易多得多，也复杂得多。因为影响国际营销活动的不可控因素比国内营销多得多，如外汇波动、关税及其他贸易壁垒、政府态度、语言文化、价值观和法律因素等。

我国是世界蔬菜生产大国，蔬菜及其制成品生产成本远远低于国际水平，具有较强的价格和成本竞争力。近年来，我国蔬菜生产飞速发展，现在蔬菜的人均占有量比居第二位的意大利高出 110 千克，比美国高出 140~150 千克，比日本高出 140 千克。我国蔬菜的出口量全世界第一，近年来发生的“中韩大蒜贸易大战”和“中日大葱贸易战”，都应该引起我们对蔬菜质量的忧思。蔬菜国际贸易中“绿色壁垒”正在成为蔬菜出口中的巨大阻力。现在国内蔬菜生产的根本矛盾已不是流通不畅，而是生产结构的不合理造成生产总量的严重过剩。现在我国已经加入 WTO ，因此只有加强对农产品国际市场的研究，大胆走出国门，积极发展果菜直接出口和间接出口，才有可能在世界经济一 体化的进程中占有主动。几点注意事项：一是充分了解需求国的质量规则。二是严格按规则检测。三是注意包装美化。四是注重诚守信誉。

总之，市场营销推动了农产品快速发展，同样，农产品的发展又给市场营销注入了新的理念。加强对农产品市场营销的深入研究，是加快农产品现代化的一个重要组成部分。

二、国际、国内营销组合策略的差异

（一）国际与国内营销组合策略相比，增加了政治权力策略、公共关系策略两大部分

政治权力策略是指企业必须懂得如何与其他国家打交道。政府部门，尤其是立法部门的影响在国际营销活动中是非常重要的，有时甚至是致命的。例如：百事可乐公司为进入印度市场，一方面和一家印度贸易集团合作，向其转让食品加工、包装和水处理等技术；另一方面又向印度政府提出帮助印度出口一定数量的农产品，最终使其同意百事可乐公司进入印度市场。所以说在制订营销计划，考虑营销组合策略时，有必要对政治权力策略进行专门的考虑和研究。

公共关系策略是指如何使企业或国家在公众心目中树立起良好形象。由于各国历史文化、风俗习惯、宗教信仰、生活水平和礼仪等不同，导致各国人民的消费习惯、价值观念、审美观念相差各异，而这些对国际营销活动顺利开展将产生重大影响。例如：在我国例如敬烟是向客人表示友好，然而在国外不少人是反对吸烟的，向这类人敬烟反倒是一种不礼貌的表现。1985 年我国某烟草公司赴美国参加一大型展销会，带去大量香烟准备在开幕式做招待用，并进行促销性质的免费散发，结果遭到抵制，再加上香烟不适应美国人的口味，结果在这次展销会上遭到惨败。所以国际营销组合策略中公共关系策略是不可缺少的。

（二）名称相同含义不同

在国际营销组合策略中的包括价格策略、配销策

略、产品策略，但它们的含义与国内营销组合策略中的含义大不相同。例如：价格策略中需要考虑国内价格和国际价格之间的关系，考虑如何确定内部调拨价格；配销策略需考虑企业进入国际市场的途径。最为重要的是判断产品是否适宜，价格是否合理，促销是否有效等的标准不再是以国内惯例为标准，而应考虑国际市场或进口国中约定俗成的、通用的准则作为标准。例如：亨氏公司在澳大利亚销售用羊脑制成的婴儿食品，在荷兰则销售用黑豆生产的婴儿食品。

（三）出口贸易量往往比国内贸易量大，环节多，消耗的资金、人员、设备等较大

由于上述特点，国际营销组合策略由政治权力策略、产品策略、价值策略、配销策略、促销策略和公共关系策略等六大策略组合而成，这种组合策略与国内营销组合策略是不同的。

（四）国际营销组合是各种国际营销策略的有机组合

利用各种营销策略间的联系性、补充性、制约性、替代性，采用不同的组合方式，会给企业带来不同的利益和损失。所以，在制定策略时需要考虑在各个不同的国家采用的子组合之间的关系。如果把企业在某个国家内采用的组合称为该企业国际营销组合策略的——子组合，那么企业在确定国际营销组合之间的关系时，要根据各国具体的环境特点制定不同的子组合。只有这样，才能保证发挥国际营销组合策略的整体优势。

第三节　农产品期货市场构成及营销发展分析

经过十多年的发展，我国的农产品期货市场已经初具规模，市场功能逐步显现，农产品期货市场的营销结构基本建立。随着社会的进步和经济的发展，在政策的大力支持下，农产品期货营销市场的发展空间将更加广阔。就目前而言，农产品期货营销市场也存在一些明显的不足，严重阻碍了农产品期货市场的发展。构建完善的期货市场营销体系，对于促进农产品期货市场的健康发展，更好地服务于社会主义经济建设意义重大。

一、发展农产品期货市场大有可为

《国务院关于推进资本市场改革开放和稳定发展的若干意见》指出，要健全资本市场体系，围绕全面建设小康社会的战略目标，积极推进资本市场改革开放的稳定发展。作为资本市场的组成部分，期货市场应在全面建设小康社会过程中发挥重要作用。

社会主义新农村建设已成为党和国家的一项重大历史任务。新农村建设是一项宏大的系统工程，需要从方方面面进行努力和突破。而稳定粮食供求关系，完善粮食价格体系也应是其中的关键环节。期货市场是市场经济体系的高端形式，具有发现价格、配置风险等重要功能。有效利用农产品期货市场的组织功能、导向作用和避险机制，对于充分利用市场手段、发挥市场效力，来推动新农村建设具有重要意义。

目前，《期货交易管理条例》（草案）经国务院有关部门反复研究、修改，已基本成型，待国务院常务会议讨论通过后，将以国务院令公布施行。据有关方面提供的《期货交易管理条例》（草案）显示，在符合国家有关规定的前提下，相关单位或者个人可以使用信贷资金、财政资金进行期货交易。金融机构和信贷资金以及国有企业进入期货市场基本成定局。

在政策的大力支持下，农产品期货市场将继续保持巨大的发展，为农产品期货营销市场提供了广阔的发展空间。

二、农产品期货市场构成及其营销发展现状

（一）农产品期货市场发展日臻成熟

从期货市场的产生及发展看，农产品在期货市场中的位置举足轻重，不管是国际还是国内，期货市场的发展都从农产品开始。目前，我国有三家期货交易所，其中两家为农产品交易所，不论从交易规模或是社会的影响来看，农产品期货在我国的市场经济中都扮演着重要的角色。我国第一家试点的期货交易所是郑州商品交易所，以交易农产品为主，于1993年5月28日正式推出标准化期货合约交易以来，相继推出了绿豆、小麦、棉花、白糖等主要农产品的期货合约。成立于1993年2月28日的大连商品交易所，主要上市大豆、豆粕、豆油、玉米等大宗农产品的期货合约，目前已成为我国最大的

农产品期货交易所，并已发展成世界第二大大豆期货市场。大豆期货价格已成为国内大豆市场的权威价格和国际大豆销区的代表价格。

在这十几年的发展过程中，我国农产品期货市场的规范稳健运行有力地保障了期货市场功能的发挥，在保护农民利益、引导农作物生产与流通、为市场主体提供避险工具等方面，发挥了重要作用。为我国粮食市场体制改革和市场经济的发展做出了积极的贡献。

期货市场是现货市场高度发展的产物，大宗农产品的现货市场是期货市场发展的基础，在市场经济高度发达的今天，农产品现货市场的发展也依赖于完善的期货市场。目前，国内农产品期货市场也存在着不足之处，有些品种的交易规模相对现货市场仍然较小，与大宗农产品的现货市场还不匹配，发展也不够稳定，投资主体缺失或投资者结构不合理。价格的发现机制不尽如人意，难以实施有效的套期保值。期货市场功能得不到应有的发挥，期货市场的作用还有待进一步显现。

（二）农产品期货市场的营销结构

完整的农产品期货市场投资者结构大致分为以下几类。农产品生产者（种植者）的卖出保值，农产品消费企业的买入保值，贸易商的保值或套利交易以及追逐利润的投机者，再加上平衡作用的做市商等。丰富的投资主体结构对期货合约的稳定健康运行有重要作用，使期货市场功能有效发挥。

目前，虽然我国上市交易的大部分农产品期货品种都取得了较好的发展，但也存在明显的不足，发展不均衡。有的品种，如大豆、豆粕的期货市场已基本完善和成熟，市场功能作用明显，各种类型的投资者积极参与，投资主体较为丰富。而有的品种虽然经过各方的努力，有过一段时期的辉煌，但却不能持续稳定的发展，成交量和持仓量逐渐减少。投资者无奈纷纷退出，市场投资主体结构失衡，要么是投机力量不足，市场流动性下降，要么套保力量欠缺，投机成风，市场难以持久的发展。

造成农产品期货市场各品种不均衡发展的情况，除了找寻交易所管理上的原因之外，也要研究一下目前农产品期货市场的营销结构。下图显示了目前国内主要农产品各品种市场可能参与的主体，组成了期货市场的营销结构，涉及从农产品生产、贸易以及加工等产业链的各个环节。

三、农产品期货市场营销特点与不足

我国农产品期货市场参与主体分散在社会各个行业和阶层，农产品期货市场营销工作具有高难度、繁琐复杂的特点，同时由于期货公司众多，市场营销竞争激烈。

（一）期货市场营销要求高、难度大、分步实施

各种参与市场主体的文化、认识、经济水平以及现有条件差别很大，需要采用不同的营销方法，甚至要做大量的前期工作。作为农产品生产者的农民普遍文化水平不高，接受新事物的意识和能力较低，经济较为薄弱，相对为分散的个体，抗风险能力很低。农村缺少农

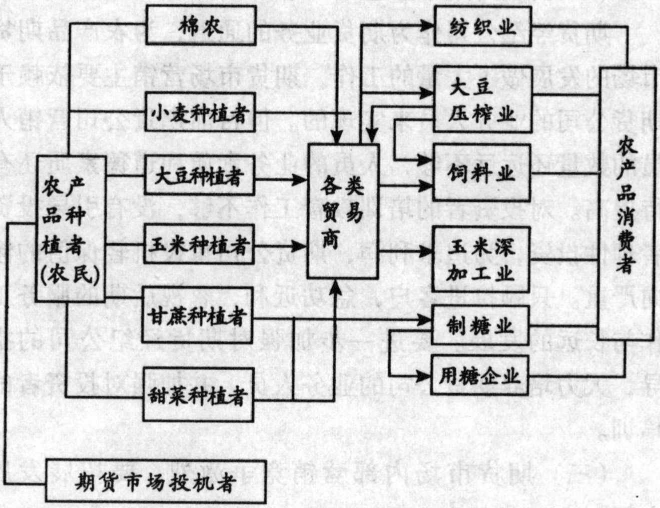

图 13－1　农产品期货市场潜在参与主体分布示意简图

（来源：大连商品交易所）

业经济合作组织，缺少通信和信息网络。因此使得营销工作困难重重，需要投入大量的前期工作，只有根据各地生产力发展水平和农民的接收素质，分步实施。现阶段，作为农产品生产者这一庞大的群体，要有效地参与农产品期货市场还很不现实，这一群体仍将基本缺失于期货市场，这跟一些发达国家相比差距很大。农产品消费企业利用期货市场套期保值的意识淡漠，懂期货业务的人才缺乏，也阻碍了企业利用期货市场进行避险的实施。这些都需要期货交易所、期货公司以及有关职能部门做大量的培训营销工作。

（二）加强期货经纪公司的指导，大力培养人才

期货经纪公司作为期货业务的通道，为农产品期货市场的发展做了大量的工作，期货市场营销主要依赖于期货公司的业务人员来实现的。但目前期货公司营销人员的数量还远远不够，人员的业务素质和道德素质还有待提高。对投资者的培训教育工作不够，没有引导投资者理性投资，为追求利润，期货公司重投机轻保值的倾向严重。只顾拉进客户，急功近利，忽视后期的服务工作与长远的发展。要进一步加强对期货经纪公司的指导，大力培养期货公司的业务人员，并加强对投资者的培训。

（三）期货市场内部营销竞争激烈，要拓展发展空间

目前国内有近两百家期货经纪公司，而市场参与主体囿于客观现实，真正能进入期货市场的数量还不大，为争夺有限的客户资源，期货公司之间的竞争非常激烈，营销手段五花八门，恶意竞争现象时有发生。要进一步树立公平竞争意识，拓展发展空间。

四、构建完善的农产品期货营销体系

（一）期货交易所要加大投入，扩大宣传，搞好培训

通过各种媒体广泛宣传，扩大农产品期货市场的影响力，从而让更多的农民、粮食企业了解期货、正视期货，明确期货市场的功能作用与容易产生的风险是非常必要的。加强培训，提升认知程度。要深入了解期货市

场，必须加强系统的培训。交易所可联系当地政府或职能部门，组织期货推荐会、培训会，也可与期货经纪公司合作，期货公司有许多优秀的期货方面的人才，系统的培训可以依托期货经纪公司的人才优势。初级的也是更广泛的培训，首先应让被培训者了解期货的基础知识，主要是功能和作用。

（二）政府及职能部门要积极配合，推动成立农民经济合作组织，加大信息化建设资金投入，建立市场信息传导机制

各级政府要鼓励通过农民经济合作组织参与期货市场。要组织引导农民进入市场，必须要把农民联合起来，实现规模化种植。由政府对参与期货市场进行套期保值的农民合作组织及龙头企业等在财政、信贷等方面给予支持。加大信息化建设资金投入，强化基础设施建设。加快农村的光缆网络建设，让信息传递更加快捷；各级政府要增强对农业信息化的认识，树立科技兴农的目标；增加对农业信息化的投入，提高农业信息处理和应用水平，推进信息化进程。

（三）期货经纪公司更要加强农产品期货市场的研究，完善营销水平，更好地做好宣传、培训和服务方面的工作

第一，加强期货公司内部研发力量和研究团队的建设，加强营销人员业务知识的学习培训，提高业务素质。期货公司的市场营销必须加强团队协作，信息研究部门和市场营销人员必须紧密合作。

第二，加强期货公司的研发力量，能及时提供包括

研究报告、投资方案在内的深具内涵的产品。建立多种网络媒体的咨询平台，及时接受投资者的各种咨询，组织行情研讨会或客户培训会。随着网上交易等新技术的迅猛发展、客户结构的变化和竞争模式的转变，有形的期货公司已显得不再特别重要，期货公司已经不再是稀缺资源，特别是依靠单纯性通道服务为主的功能在竞争中逐渐弱化。期货公司必须在研发水平上提高自己的核心竞争力。

第三，必须培养精通期货业务的管理人才，加强期货营销人员的培训，提高营销人员的业务素质，有能力与客户进行专业化交流。因为期货市场是信息双向沟通的市场，通常必须通过营销人员与客户的直接沟通。

第四，要将市场营销观念运用到期货市场营销中，以满足期货市场客户的需要为根本出发点。着力抓好以下几方面的工作。

（1）研究人员与营销人员协作起来，为客户提供有效的服务。根据期货价格趋势信号，指导农民制订农产品种植计划，适时销售农产品。帮助农产品加工企业遵照市场供求关系，调整生产计划并组织生产，做好套期保值以规避市场风险。为投机者提供有价值的投资咨询和交易建议，切实提高客户在期货市场的盈利率。

（2）期货经纪公司要担负起培训教育客户的责任，相关人员要做大量耐心细致的工作。本着为客户的利益着想，崇尚为社会奉献的精神，为公司的长远发展打下良好的基础。期货市场营销有别于一般传统产品，不应仅是拉进客户就完成营销过程，实际上拉进客户只是营销的开始，更要看重后期的服务。期货市场的营销是营销自己的理念和品牌，要树立终身服务的思想。

（3）在竞争激烈的市场状况下，期货公司只有提供全面细致的服务，才能创造自己的营销优势，实现良性的可持续发展。

随着社会主义市场经济的巨大发展，我国的农产品期货市场必将引来更大的发展，这为农产品期货市场的营销提供了广阔的发展舞台。对于存在的问题，要多思考良策，努力构建完善的期货市场营销体系，促进农产品期货市场的健康发展，让农产品期货市场更好地服务于现代市场经济，促进农产品营销事业的更大发展。

参考文献

1. 李淑卿，孙华玲主编．农产品市场营销．济南：山东人民出版社，2006.

2. 陶益清编著．农产品市场营销基本知识．北京：中国农业出版社，2007.

3. 郭国庆主编．市场营销学．武汉：武汉大学出版社，2004.

4. 安玉发，王寒笑编著．帮你做好产品市场营销．北京：中国农业大学出版社，2007.

5. 詹军．浅谈农产品市场营销策略，2003.

6. 张士云，许多．呼唤农产品营销创新，2000.

7. 小雪嬉笑．论农产品市场营销策略，2007.

8. 吴兴安．关于农产品市场营销的思考及对策，2005.

9. 欧阳荣华．谈农产品市场营销策略，2007.

10. 邹连俄．农产品市场营销，2006.

11. 臧庆福．农产品营销的整合与创新，2003.

12. 农产品市场周刊论坛．农产品市场营销策略，2007.

13. 全国城市农贸中心联合会．农产品市场营销组合策略，2006.

14. 尚龙江．搞好农产品市场营销推动农业再上新水平，2007.

15. 谈谈农产品市场营销策略，2007.

16. 农博网．我国农产品期货市场构成及营销市场发展的分析，2006.

17. 闵耀良，杨泽钊，陈兆云，邓红卫．农产品市场体系建设与农业结构调整的实证研究．2003.